Hans Dosser

Hausberge in Südtirol

Die schönsten Wanderungen in den Südtiroler Bergen

74 Tourenvorschläge

TAPPEINER.

VINSCHGAU

1	Piz Lat	14
2	Seebödenspitz	16
3	Glurnser Köpfl	18
4	Vermoispitz	20
5	Hintere Schöntaufspitze	22
6	Morosiniweg	24
7	Stilfser Höhenweg zur Dreisprachenspitze	26
8	Vordere Rotspitze	28
9	Nockspitze	30

MERAN UND UMGEBUNG

10	Hirzer	34
11	Großer Ifinger	36
12	Großer Mittager	38
13	Mutspitze	40
14	Großer Laugen	42
15	Sefiarspitz	44
16	Saxner	46
17	Kirchbachspitz	48
18	Naturnser Hochwart	50
19	Ultner Hochwart	52
20	Gleckspitz	54
21	Texelüberschreitung	56
22	Vigiljoch	58

BOZEN – RITTEN – SARNTAL – UNTERLAND

23	Rittner Horn	62
24	Penser Weißhorn	64
25	Große Reisch – Stoanerne Mandln	66
26	Langfenn	68
27	Gantkofel	70
28	Roen	72
29	Corno di Tres (Treser Horn)	74
30	Naturpark Trudner Horn	76
31	Rund um die Hochwand (Cucul)	78
32	Weißhorn	80
33	Der verzauberte Berg	82

EISACKTAL UND WIPPTAL

34	Telfer Weißen	86
35	Rotbachlspitz	88
36	Jaufenspitze	90
37	Wilder See	92
38	Telegraph	94

39	Astjoch	96
40	Peitlerkofel	98
41	Rundwanderung um den Peitlerkofel	100
42	Adolf-Munkel-Weg in Villnöß	102
43	Radlsee	104
44	Kassianspitze	106

PUSTERTAL UND SEITENTÄLER

45	Sextenstein	110
46	Rundtour in den Sextner Dolomiten	112
47	Helm	114
48	Dürrenstein	116
49	Lutterkopf	118
50	Rammelstein	120
51	Seekofel	122
52	Piz da Peres	124
53	Wanderung auf dem Hartdegenweg	126
54	Neveser Höhenweg	128

DOLOMITEN

55	Latemarspitze	132
56	Ciampedie – Gardeccia	134
57	Völseggspitze (Tschafon)	136
58	Schlern	138
59	Puflatsch	140
60	Pic (Pitschberg)	142
61	Pizascharte (Forcella della Pizza)	144
62	Östliche Puezspitze	146
63	Piz Boè	148
64	Col de Cuch	150
65	Plattkofel	152
66	Langkofelrunde	154
67	Sassongher	156
68	Col di Lana	158
69	Nuvolao	160
70	Kreuzkofel	162
71	Torre di Pisa	164

BRENTAGRUPPE

72	Paganella	168
73	Höhenwanderung in der Brentagruppe	170
74	Palmieriweg	172

VINSCHGAU

Piz Lat	14
Seebödenspitz	16
Glurnser Köpfl	18
Vermoispitz	20
Hintere Schöntaufspitze	22
Morosiniweg	24
Stilfser Höhenweg zur Dreisprachenspitze	26
Vordere Rotspitze	28
Nockspitze	30

GUTSCHEINE:

Parc Hotel – Sulden	176
Seilbahnen Sulden	176
Sporthotel Vetzan – Schlanders	177
Karner Wein Plus – Prad am Stilfserjoch	178

MERAN UND UMGEBUNG

Hirzer	34
Großer Ifinger	36
Großer Mittager	38
Mutspitze	40
Großer Laugen	42
Sefiarspitz	44
Saxner	46
Kirchbachspitz	48
Naturnser Hochwart	50
Ultner Hochwart	52
Gleckspitz	54
Texelüberschreitung	56
Vigiljoch	58

GUTSCHEINE:

Schwebebahn Aschbach – Rabland	178
Seilbahn-Gasthaus Unterstell – Naturns	179
Schutzhaus Hochgang – Naturpark Texelgruppe	180
Sport & Freizeitmode Robe di Kappa – Meran	180
Hotel Zirmerhof – Riffian	181
Berggasthof Walde – Riffian	182
Hotel Jager Hans – St. Martin	182
Familienalm Taser – Schenna	183
Götzfried Keller – Lana	184
Önothek Pircher – Lana	184
Vigiljoch-Seilbahn und -Sessellift – Lana	185
Gasthof Jocher – Pawigl/Lana	185
Berg- und Skiführer Markus Staffler – Lana	186
Höchsterhütte – St. Gertraud	186
Brennerei Kapauner – St. Walburg/Ultental	187

BOZEN – RITTEN – SARNTAL – UNTERLAND

Rittner Horn	62
Sarntaler Weißhorn	64
Große Reisch – Stoanerne Mandln	66
Langfenn	68
Gantkofel	70
Roen	72
Corno di Tres (Treser Horn)	74
Naturpark Trudner Horn	76
Rund um die Hochwand (Cucul)	78
Weißhorn	80
Der verzauberte Berg	82

GUTSCHEINE:

Gasthof Alpenrosenhof – Penser Joch	187
Rittnerhorn Seilbahnen – Klobenstein	188
Berghotel Café Restaurant Zum Zirm – Klobenstein	188
Gasthof Tomanegger – Jenesien	189
Hotel Residence Rosa – S. Lugano/Truden	189
Canyon Rio Sass – Fondo	190
Hotel Restaurant Schwarzhorn – Montan	191

ÜBERSICHT NACH GEBIETEN

EISACKTAL UND WIPPTAL

Telfer Weißen	86
Rotbachlspitz	88
Jaufenspitze	90
Wilder See	92
Telegraph	94
Astjoch	96
Peitlerkofel	98
Rundwanderung um den Peitlerkofel	100
Adolf-Munkel-Weg in Villnöß	102
Radlsee	104
Kassianspitze	106

GUTSCHEINE:

Freizeitberg Rosskopf – Sterzing	191
Hotel Jaufentalerhof – Ratschings	192
Berghotel-Restaurant Schlemmer – Afers	192
Hotel Fernblick – Brixen	193
Naturidyll-Hotel Bergschlössl – Lüsen	194
Hotel Tyrol – Villnöss	195
Klausner Hütte – Latzfons	195

PUSTERTAL UND SEITENTÄLER

Sextenstein	110
Rundtour in den Sextner Dolomiten	112
Helm	114
Dürrenstein	116
Lutterkopf	118
Rammelstein	120
Seekofel	122
Piz da Peres	124
Wanderung auf dem Hartdegenweg	126
Neveser Höhenweg	128

GUTSCHEINE:

Hotel Restaurant Antermoia – Antermoia	196
Hotel Restaurant Pider – La Val	196
Hotel Tratterhof – Meransen	197
Kronplatz Seilbahn AG – Bruneck	197
Hotel Kreuzbergpass – Sexten	198
Sport & Freizeitmode Robe di Kappa – Bruneck	199

DOLOMITEN

Latemarspitze	132
Ciampedie – Gardeccia	134
Völseggspitze (Tschafon)	136
Schlern	138
Puflatsch	140
Pic (Pitschberg)	142
Pizascharte (Forcella della Pizza)	144
Östliche Puezspitze	146
Piz Boè	148
Col de Cuch	150
Plattkofel	152
Langkofelrunde	154
Sassongher	156
Col di Lana	158
Nuvolao	160
Kreuzkofel	162
Torre di Pisa	164

GUTSCHEINE:

Gasthof-Restaurant Gasserhof – Eggen	199
Schutzhütte Pisahütte – Latemar	200
Restaurant-Jausenstation Zischgalm – Deutschnofen	200
Sport- und Erholungshotel Piné – Tiers	201
Tschafonhütte – Tiers	201
Hotel Gran Mugon – Vigo di Fassa	202
Berghotel Negritella – Pozza di Fassa	203

Seilbahnen Catinaccio-Rosengarten – Vigo di Fassa	203
Alpengasthof Frommeralm – Karersee	204
Plattkofel-Hütte – Fassajoch	204
Arnika Hütte – Kastelruth	205
Saltnerhütte in Tschapit – Seiser Alm	205
Puflatsch Lift und Aussichtsplattform Engelrast – Seiser Alm	206
Sporthaus Trocker – Kastelruth/Seiser Alm	207
Restaurant-Bar Alpenhotel Panorama – Seiser Alm	208
Garni und Alpinschule Schlern – Seis	209
Vinothek Rabanser & Co. – St. Ulrich	209
Elikos Hubschrauberrundflug – Lajen	210
Curonahütte & Hotel Digon – St. Christina / St. Ulrich	211
Alpinschule Catores – St. Ulrich	212
Fermeda Hütte – St. Christina	212
Sangon Hütte – St. Christina	213
Saleihütte – Canazei	213
Seilbahn Sass Pordoi – Canazei	214
Hotel Restaurant Bellavista – Canazei	214
Lagazuoi 5 Torri	215
Seilbahn Falzarego Lagazuoi	215
Sessellift 5 Torri – Lagazuoi	215
Museum Forte Tre Sassi – Lagazuoi	215
Schutzhütte Lagazuoi	216
Gasthof Restaurant La Baita – Lagazuoi	216
Schutzhütte Fedare – Lagazuoi	216
Schutzhütte Averau – Lagazuoi	217
Schutzhütte Scoiattoli – Lagazuoi	217
Dolomiti Walking Hotel	218
Hotel Astoria – Canazei	218
Wellness Hotel Lupo Bianco & Beauty Chenina – Canazei	218
Family Wellness Hotel Renato – Vigo di Fassa	219
Hotel Laurino – Moena	219
Hotel El Laresh – Moena	219
Berghotel Miramonti – Tesero	220
Hotel Sole – Predazzo	220
Hotel Alpino – S. Martino di Castrozza	220

BRENTAGRUPPE

Paganella	168
Höhenwanderung in der Brentagruppe	170
Palmieriweg	172

GUTSCHEINE:

Dolomiti Walking Hotel	221
Flair Hotel Opinione – S. Lorenzo di Banale	222
Hotel Miramonti – Madonna di Campiglio	222
Hotel Ortles – Val di Sole	222
Lago Park Hotel – Molveno	223
Alpotel Venezia – Molveno	223
Hotel Florida – Molveno	223

EINLÖSUNG DER GUTSCHEINE

1. Mit dem Erwerb des Gutschein-Führers „Hausberge in Südtirol" erlangt der Käufer den Anspruch auf die Einlösung der darin enthaltenen Gutscheine. Dieser Anspruch ist unter Berücksichtigung der folgenden Einlösungsbedingungen abtretbar.

2. Die im Gutschein beschriebenen Leistungen können von den Berechtigten bis zum 31.12.2012 in Anspruch genommen werden.

3. Die Einlösungsmodalitäten des Gutscheines (wie z. B. Kombinierbarkeit oder Kumulierbarkeit mit anderen Angeboten, Vorankündigung des Wunsches der Inanspruchnahme u. ä.) müssen vor der Einlösung direkt beim Anbieter in Erfahrung gebracht werden. In jedem Fall muss der Anbieter vor Inanspruchnahme der beschriebenen Leistung darauf hingewiesen werden, dass ein Gutschein eingelöst werden soll. Unterbleibt dieser Hinweis, besteht keine Berechtigung zur nachträglichen Einlösung.

4. Der Gutschein muss mitsamt dem Führer und als Teil desselben dem Anbieter vorgelegt werden und darf erst vor Ort vom Anbieter durch Abstempeln des Gutscheines entwertet werden. Ein vom Führer losgetrennter Gutschein ist ungültig und gibt kein Anrecht auf Inanspruchnahme der darin beschriebenen Leistung.

5. Bei den Gutscheinen und Tipps handelt es sich um bezahlte Inserate. Für den Inhalt des Gutscheines bzw. des Tipps und die Einlösung desselben bzw. die Erbringung oder Nicht-Erbringung oder Art und Umfang der darin beschriebenen Leistungen ist ausschließlich der jeweilige Anbieter verantwortlich. Der Anbieter hat sich vertraglich verpflichtet, den Tappeiner Verlag von jeglicher diesbezüglicher Verantwortung zu befreien und schadlos zu halten. Sollten Streitigkeiten bezüglich der Einlösung des Gutscheines, der Erbringung oder Nicht-Erbringung – auch durch Betriebsschließung o. ä, durch höhere Gewalt oder Zufall – der darin oder in einem Tipp beschriebenen Leistungen entstehen, können die entsprechenden Forderungen nur direkt gegenüber dem Anbieter geltend gemacht werden. Eine Baraböse des Gutscheines ist ausgeschlossen.

6. Der Tappeiner Verlag übernimmt keine Haftung für etwaige Druck- oder Satzfehler, für die Richtigkeit oder Vollständigkeit der im Gutschein oder im Tipp enthaltenen Angaben. Ebenso übernimmt der Verlag keine Haftung für sämtliche in den Gutscheinen oder Tipps angegebenen Texte, Bilder, Adressen, Internet-Links und sonstigen Daten. Für den Inhalt von Internet-Adressen sind ausnahmslos die jeweiligen Betreiber verantwortlich.

Einführung

Südtirols Bergwelt bietet immer wieder neue Entdeckungen und Erlebnisse – auch und gerade abseits von Gletschergipfeln und waghalsigen Klettersteigen. Denn so abenteuerlich solche Bergtouren sein mögen, für die meisten von uns sind sie doch zu gefährlich. Dieser Führer beschreibt Touren auf „einfachen" Wegen, die zu den herrlichsten Aussichtsbergen und zu den lohnenswertesten Gipfeln in Südtirol führen. Meist geht es auf schönen Höhenwegen den Berg hinauf, oft werden Rundwanderungen nebst Alternativen vorgestellt. Der Schwierigkeitsgrad der Wanderungen ist nicht sehr hoch – mit Ausdauer und etwas Bergerfahrung lassen sich alle Touren ohne größere Probleme bewältigen, und die wunderschönen Ausblicke vom Gipfel entschädigen jeden Wanderer für seine Mühen unterwegs.

Südtirols Bergwelt ist sehr vielfältig: Es gibt sowohl Hochgebirgs- als auch Mittelgebirgslandschaften. Jedes Gestein hat seine eigene Erosionsgeschichte und dadurch unterschiedliche Landschaftsbilder hervorgebracht. Von den Gipfeln aus sieht man das am besten. Denn von oben hat man einen anderen Blick auf die Weite der Hochgebirgslandschaft mit ihren besiedelten Hochflächen, die vom Tal aus kaum zu erahnen sind.

Zur Auswahl der Touren

Im **Vinschgau** sollte man unbedingt den Piz Lat, den Grenzberg am Reschenpass, besteigen, weil er einen wunderschönen Blick auf den Reschensee und ins Engadin bietet. Die Wanderung auf die Seebödenspitze ist dank des Sessellifts eine gute Alternative für ungeübtere Wanderfreunde. Will man die Landschaft des Oberen Vinschgaus und den Blick zu den Kalkbergen der Sesvennagruppe genießen, sollte man zur Aussichtskanzel des Glurnser Köpfls wandern. Am Vinschgauer Sonnenberg ist insbesondere die Vermoispitze lohnend, weil sie Blicke in den Vinschgau, zum Ortler und zu den Ötztaler Gipfeln bietet.

Eine sehr schöne Wanderung ist die auf den Meraner Höhenweg rund um den Naturnser Sonnenberg. Dabei kommt man durch eine herrliche Landschaft, vorbei an sehr hoch gelegenen Bergbauernhöfen. In der Ortlergruppe geht die Tour auf die Schöntaufspitze, den einfachsten Gipfel dieser Größenordnung, von dem aus man bei schönem Wetter die gesamte Ortlergruppe überblicken kann. Wer näher an die Gletscherwelt heran will, wählt den Morosiniweg. Der Stilfser Höhenweg zeigt den Ortler hingegen aus einer ganz anderen Perspektive, und von der Dreisprachenspitze bietet sich dem Wanderer ein großartiger Blick auf die Bergwelt rund um den Ofenpass. Im Schnalstal verspricht die Tour auf die Nockspitze einen großartigen Ausblick auf das ganze Tal und lässt sich mit einer schönen Almwanderung verbinden. Sie ist, wie der Hausberg von Naturns, die Kirchbachspitze, mit etwas Kondition und Trittsicherheit von jedem zu bewältigen.

Die Hausgipfel rund um Meran – Ifinger, Hirzer, Laugen und Mutspitze – sind unterschiedlich im Schwierigkeitsgrad, alle bieten aber einen Tief- und Weitblick vom Feinsten. Meran 2000 und das Vigiljoch laden zu schönen Rundwanderungen ein. Im Passeiertal genießt man den Nord-Süd-Blick am besten vom Saxner aus. Die Sefiarspitze ist der Hausberg von Pfelders. Wer

höher hinaus will, sollte eine zweitägige Tour durch die Texelgruppe planen, der sportlichste Weg dorthin beginnt in Algund. Das Ultental wird von Ultner und Naturnser Hochwart flankiert – welcher Gipfel ist der schönere? Im hintersten Ultental kann man eine Gipfeltour mit einer Seenrunde verbinden. Wer Presanella und Adamello gut sehen will, muss auf den Gleck (2958 m) im hintersten Ultental.

Rund um Bozen – am Salten, auf dem Ritten, im Sarntal und im Unterland stehen Berge, von denen man eine besonders weite Aussicht und ein unglaubliches Panorama genießen kann. Das Rittner Horn ist zum Beispiel auch für ungeübte Wanderer leicht zu bewältigen, ebenso der Gantkofel. Das Penser Weißhorn ist schon etwas anspruchsvoller und die Stoanernen Mandln auf der Hohen Reisch sind ein mystischer Ort, an dem sich einst die Hexen zum Tanz getroffen haben sollen. Zwischen Dolomiten und Unterland steht das Weißhorn, das man am besten von Bozen aus über das Eggental erreicht. Der Gipfel lohnt zweifellos den Aufstieg, und auch Roen und Treser Horn sind Aussichtsberge. Aufs Trudner Horn und zur Cisloner Alm gelangt man nach einer gemütlichen Wanderung durch Wald und über Wiesen.

Die Gipfel über Brixen, wie die Kassianspitze, die Jaufenspitze oder das Astjoch, kann man nicht nur vom **Eisacktal** aus besteigen – unsere Routenvorschläge beginnen jedoch hier. Den besten Blick auf das Wipptal (oberes Eisacktal) bieten die Telfer Weißen; geologisch am interessantesten sind die Rotbachspitze und die Plose, der Brixner Hausberg. Der Peitlerkofel ist ein Aussichtsgipfel, der wie eine Pyramide aus den Dolomiten herausragt und einen einmaligen Rundblick bietet. Nur auf den letzten Metern gibt es hier einige Kletterstellen, die Trittsicherheit und Schwindelfreiheit erfordern. Wer diese letzte Felsenpassage zum Gipfel fürchtet, sollte sich für die Umrundung des Berges entscheiden. Die Wanderungen zum Radlsee und zum Wilden See sind ebenfalls sehr lohnend. Nicht auslassen sollte man das Villnößtal, denn der Adolf-Munkel-Höhenweg bietet die beste Möglichkeit, die Gipfel der Puez-Geisler-Gruppe zu bestaunen.

Im **Pustertal** findet das Dolomitenerlebnis in den Sextner Dolomiten mit einer Tour um die Drei Zinnen oder einer großen Rundwanderung vom Fischleintal aus seinen krönenden Höhepunkt. Den besten Blick auf die majestätischen Gipfel hat man vom Helm, auf den auch eine Seilbahn führt. Der Dürrenstein, der Seekofel und der Piz da Peres sind ebenfalls leicht zu besteigende Dolomitengipfel, die großartige Ausblicke auf das Pustertal ermöglichen. Am Eingang des Antholzer Tals stehen der Lutterkopf und der Rammelstein, ersterer ist leicht zu erwandern, der zweite Gipfel ist etwas anspruchsvoller. Von beiden hat man jedoch einen zauberhaften Panoramablick über die Dolomiten. In eine ganz andere Welt führen der Neveser Höhenweg und der Arthur-Hartdegen-Weg. Während der erste in die Gletscherwelt der Zillertaler Alpen führt, umrundet der zweite in Höhe der Almen und Gletschermoränen das Bachertal und bietet eine freie Aussicht auf die Rieserfernergruppe.

Die klassischen **Dolomitenberge** erfordern Trittsicherheit, denn es geht auf felsigen Steigen auf die Gipfel. Die ausgewählten Touren sind für Wanderer mit etwas Bergerfahrung jedoch ungefährlich und sehr lohnend. In den Dolomiten gibt es zahlreiche Berge, die sich problemlos erwandern und besteigen lassen. Schlern, Latemar, Völsegg, Puezkofel, die Boè-Spitze, ja selbst der Plattkofel sind Wanderberge, die ein großartiges Panorama bieten. Der Pic (Pitschberg) in Gröden ist sehr leicht und sehr lohnend, der Sassongher formschön und anspruchsvoller, der Col di Lana geschichtsträchtig und der Nuvolao aussichtsreich. Die Rundwanderungen über Torre di Pisa, Pizascharte und Puflatsch ermöglichen vielfältige Ausblicke in verschiedene Richtungen; am Heiligkreuzkofel ist man – ebenso wie am Sassongher – schon ein bisschen im felsigen Gelände unterwegs, ohne allerdings ein Kletterer sein zu müssen. Die Touren auf dem Bindelweg oder über den Ciampedie ins Gardeccia-Tal sind gemütliche Wanderungen an der Landesgrenze.

Die letzten Touren, die beschrieben werden, führen ins **Trentino** – in die zum Naturpark Adamello-Brenta gehörende Brentagruppe. Man sieht die aus Hauptdolomitgestein bestehende Berggruppe am besten von der Paganella aus. Die von atemberaubend schroffen und von senkrechten Türmen geprägte Felsszenerie der Brentagruppe kann man bei der Überschreitung oder Durchquerung dieses Gebietes hautnah erleben.

Wichtiger Hinweis: In Südtirol wird in nächster Zeit ein Großteil der Wege neu und einheitlich nummeriert, deshalb geben wir für viele gängige und auf Karten verzeichnete Wege keine Nummerierung an. Die Angaben von Hinweisschildern, die so am Wegrand zu finden sind, beziehen sich auf die Zielorte.

Vinschgau

1	Piz Lat	Reschener Alm	S. 14
2	Seebödenspitz	St. Valentin auf der Haide	S. 16
3	Glurnser Köpfl	Lichtenberg – Höfeweg	S. 18
4	Vermoispitz	Latsch	S. 20
5	Hintere Schöntaufspitze	Sulden	S. 22
6	Morosiniweg	Sulden	S. 24
7	Stilfser Höhenweg	Trafoi	S. 26
8	Vordere Rotspitze	Martell	S. 28
9	Nockspitze	Vernagt	S. 30

Das Stilfserjoch, im Hintergrund Vinschgau und Ötztaler Kamm, rechts die Vertaingruppe

1 PIZ LAT — 2808 m

START

Ausgangspunkt
Reschener Alm bei Rojen

Anfahrt
Mit dem Auto fährt man von Reschen nach Rojen, dann biegt man rechts zur Reschener Alm ab (Parkmöglichkeiten auf der Alm oder entlang der Straße).

Gehzeit
5 ½ Stunden

Höhenunterschied
850 m

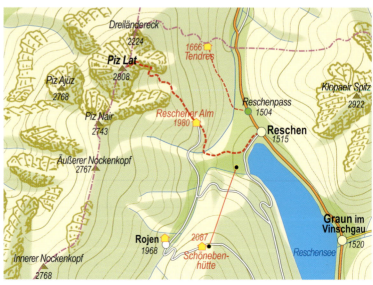

Der Berg steht am Dreiländereck zu Österreich und der Schweiz. Die Aussichtskanzel mit dem hellen Gipfelaufbau aus Kalkfels thront hoch über dem Reschensee und bietet einen herrlichen Rundblick.

GUTSCHEINE

Für dieses Gebiet und Umgebung siehe Seiten 176–178

Der Weg: Die Tour beginnt auf der Reschener Alm, die man auf schmaler Straße gut mit dem Auto erreichen kann. Hinter der schön gelegenen Almwirtschaft geht man auf Weg Nr. 5 mäßig ansteigend über die Almhänge empor. Der Weg zum Gipfel windet sich in Serpentinen über steiniges Gelände bis zum weithin sichtbaren Gipfelkreuz. Gleicher Abstiegsweg.

Mühen: 850 m HU, Aufstieg 3 Stunden. Der Weg zum Gipfel ist im oberen Teil steil, aber nicht schwierig und nicht ausgesetzt, vielleicht etwas eintönig.

Freuden: Der Gipfel des Piz Lat ist eine echte Aussichtskanzel hoch über den Seen des Vinschgauer Oberlandes. Er bietet aber auch einen lohnenden Fernblick ins Engadin zum Muttler und Piz Buin, ins Langtauferer Tal und zur Weißkugel sowie ins Rojental. Die Tour kann vom Sommer bis zum Herbst begangen werden.

2 SEEBÖDENSPITZ — 2859 m

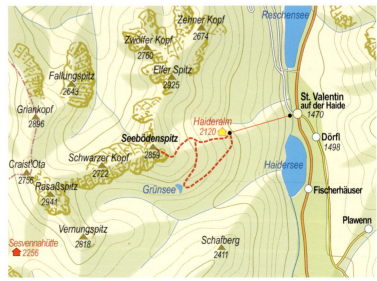

START

Ausgangspunkt
St. Valentin auf der Haide

Anfahrt
Durch den Vinschgau bis nach St. Valentin auf der Haide (Seilbahnstation im Dorfzentrum).

Gehzeit
5–5 ½ Stunden

Höhenunterschied
739 m

Ein aussichtsreicher Gipfel hoch über dem Haidersee. Der Gipfel hat seinen Namen von den Seeböden, kleinen Wasseransammlungen auf der hinteren Seite des Berges im obersten Fallungtal. Der Berg ist ein zentraler Gipfel des Vinschgauer Oberlands und dank Seilbahn relativ leicht zu besteigen.

> **GUTSCHEINE**
>
> *Für dieses Gebiet und Umgebung siehe Seiten 176–178*

Der Weg: Von St. Valentin auf der Haide fährt man mit der modernen Umlaufbahn auf die Haideralm (2120 m). Von dort geht man auf Weg Nr. 10 über die zum Großteil mit Gras und Zwergsträuchern bewachsenen Hänge steil aufwärts. Über eine Bergstufe führt der Steig dann steiler und felsiger werdend zum Gipfelkreuz. Für den Abstieg geht man auf dem Aufstiegsweg zurück bis zur Weggabelung. Dort biegt man rechts auf Weg Nr. 16, der über den Kamm des Seeköpfls und zum Grünsee hinunterführt. Der Weg geht in einer Linksschleife zurück zur Alm.

Alternativen: Wer den Aufstieg etwas weniger steil mag, der geht von der Haideralm auf Weg Nr. 16 bis zum Grünsee und steigt über das Seeköpfl bis zum Weg Nr. 10, der zum Gipfel führt.

Mühen: 739 m HU, Aufstieg 2 ¾ Stunden. Der direkte Weg auf den Gipfel ist recht steil, aber ohne besondere alpine Schwierigkeiten und nicht ausgesetzt. Weniger steil ist der Aufstieg über den Grünsee. Die Tour kann vom Sommer bis in den Herbst begangen werden. Im Frühsommer kann noch Schnee liegen, daher ist eine gute Ausrüstung wichtig.

Freuden: Der herrliche Aussichtsberg bietet Fernblicke zur Ortlergruppe, den Ötztaler Alpen und zur Sesvennagruppe. Die Tour kann vom Sommer bis zum Herbst begangen werden.

Hochgebirgswanderung mit Ortlerblick

3 GLURNSER KÖPFL — 2402 m

START

Ausgangspunkt
Lichtenberg – Höfeweg

Anfahrt
Von Prad oder von Glurns fährt man bis Lichtenberg. Bei der Schlossruine biegt man auf die Höfestraße (am Ende der Fahrstraße Parkmöglichkeiten).

Gehzeit
5 ½ Stunden

Höhenunterschied
850 m

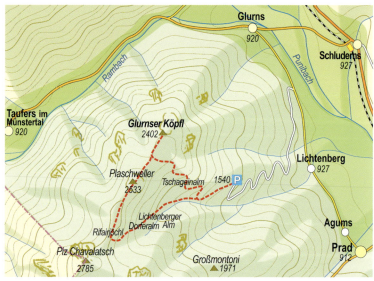

König Ortler von Norden in der Abendsonne

GUTSCHEINE

Für dieses Gebiet und Umgebung siehe Seiten 176–178

Dieser Berg ist nicht spektakulär, aber der ganze Obere Vinschgau liegt dem Wanderer zu Füßen. Der Weg zum Köpfl ist eine Wald-, Wiesen- und Almwanderung mit guter Aussicht.

Der Weg: Die Wanderung beginnt bei den Lichtenberger Höfen. Auf Weg Nr. 14 geht man zunächst am Waldrand entlang und dann auf Nr. 14B mäßig ansteigend durch Wiesen und Wald zur Tschageinhütte. Nun wandert man über den baumfreien Kammrücken zum breiten Gipfelplateau des Glurnser Köpfls. Der Rückweg führt über den Kamm. Bei der Weggabelung folgt man rechts dem Weg mit der Beschilderung „Lichtenberger Alm" oder „Dorferalm" und geht in das Gutfalltal hinein, wo sich die beiden Almen befinden. Auf Weg Nr. 14 wandert man zurück zu den Lichtenberger Höfen.

Alternativen: Man kann den Weg vom Glurnser Köpfl auch über den Bergkamm hinaus verlängern, indem man auf Weg Nr. 14 A zum Plaschweller (2533 m) aufsteigt und nach der Überquerung des Gipfels zum Rifairjöchl wandert. Dann steigt man links hinunter direkt zu den Almen ab. Für diese Variante sollte man zur Gesamtgehzeit eine gute Stunde dazurechnen.

Mühen: 850 m HU, Aufstieg 2 ¾ Stunden, leichter Weg, im baumfreien Gelände unbedingt auf die Markierung achten, ideale Wanderzeit: Frühsommer bis Spätherbst

Freuden: Ruhige, einsame Wanderung über die sanften Kuppen des Gipfelplateaus. Der weite Gipfelbereich bietet Ausblicke in alle Richtungen: Man sieht den Ortler ebenso wie die Weißkugel in den Ötztaler Alpen oder die Kalkfelsen von Piz Starlex und Sesvenna im Nordwesten.

4 VERMOISPITZ — 2929 m

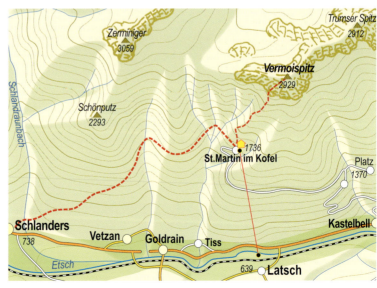

START

Ausgangspunkt
Latsch

Anfahrt
Nach Latsch kann man mit dem Auto, aber auch mit der Vinschger Bahn oder dem Bus fahren (Bushaltestelle und Bahnhof in der Nähe der Talstation, dort auch Parkplatz).

Gehzeit
5 ¾ Stunden

Höhenunterschied
1193 m

Dieser fast Dreitausender hat alles, was ein Hausberg haben muss. Der Berg liegt mitten im Vinschgau und bietet einen herrlichen Blick über das ganze Etschtal und ein echtes Gipfelerlebnis.

Der Weg: Eine neue, moderne Seilbahn führt von Latsch nach St. Martin im Kofel (1736 m), einem prächtigen Logenplatz am Vinschgauer Sonnenberg. Der Weg (Nr. 6 bzw. 8) auf die Vermoispitze führt zunächst mäßig steil durch Lärchenwald bis zu einem Wiesenboden mit Bergweiher. Immer der Markierung 8 (Vermoispitz) folgend, erreicht man bald die Waldgrenze. Nun geht es mit zunehmender Steilheit die Bergflanke empor, dem sichtbaren Gipfel entgegen. Der Abstieg erfolgt auf derselben Route.

Alternativen: Eine schöne Alternative zur Gipfelbesteigung ist eine Höhenwanderung von St. Martin im Kofel über den Sonnenberg nach Schlanders. Der Weg führt – anfangs eben, dann praktisch nur bergab – an steilen Bergbauernhöfen (Einkehrmöglichkeit) vorbei. Mit wechselnden Ausblicken überwindet man zwei Schluchten und kommt an den Resten alter Bergbausiedlungen vorbei. Für den Weg hinunter nach Schlanders folgt man dem gleichnamigen Schild. Man erreicht das Ziel in 3 ½ Stunden. Mit dem Bus (Stundentakt) fährt man nach Latsch zurück.

Mühen: 1193 m HU, Aufstieg 3 ¼ Stunden. Kurzer, steiler Weg, der Kondition erfordert, aber nicht schwierig bzw. ausgesetzt ist.

Freuden: Eine neue Seilbahn führt schnell und bequem in aussichtsreiche Höhen. Der markante Gipfel bietet einen umfassenden Rundblick. Im Osten geht der Blick zu den fernen Dolomiten, im Süden ins Martelltal und zur Ortlergruppe. Gegen Westen blickt man weit über den Vinschgau, der Tiefblick geht ins Etschtal. Im Rücken hat man die Bergwelt des Schnalstales und der Texelgruppe. Die Tour ist von Ende Mai bis in den Spätherbst möglich.

GUTSCHEINE

Für dieses Gebiet und Umgebung siehe Seiten 176–178

5 HINTERE SCHÖNTAUFSPITZE   3324 m

START

Ausgangspunkt
Sulden (Seilbahntalstation)

Anfahrt
Von Spondinig im Vinschgau fährt man bis Gomagoi, dort Abzweigung nach Sulden (großer, gebührenfreier Parkplatz bei der Talstation der Seilbahn).

Gehzeit
4 ¾ Stunden

Höhenunterschied
750 m

Dieser Gipfel gilt als der „leichteste Dreitausender Südtirols". Er erfordert aber eine gute Kondition – Trittsicherheit immer vorausgesetzt – und bietet einen unglaublichen Rundblick.

Der Weg: Die Wanderung beginnt in Sulden. Mit der Seilbahn fährt man bis zur Bergstation auf 2600 m. Der Weg Nr. 151 führt zunächst mäßig ansteigend zur Madritschhütte und weiter auf das Madritschjoch (3123 m), das bereits mit einem phantastischen Ausblick auf die Berge des Martelltales aufwartet. Vom Joch aus geht man nun links über einen steiler werdenden Grat hinauf zum stattlichen Gipfel. Abstieg auf derselben Route.

Alternativen: Sportliche Berggeher können auch auf die Fahrt mit der Seilbahn verzichten und von Sulden über die Schaubachhütte zur Madritschhütte aufsteigen. Weiter geht es, wie oben beschrieben. Allerdings muss man zur Gesamtgehzeit gut 2 Stunden dazurechnen.

Mühen: 750 m HU, Aufstieg 2 ¾ Stunden. Die hochalpine Gipfelwanderung ist mit guter Ausrüstung (festes Schuhwerk, Regenbekleidung) und Kondition (die letzten 300 Höhenmeter sollte man nicht unterschätzen!) leicht zu schaffen. Der Weg ist einfach, bis zum Joch etwas eintönig. Der gut ausgeschilderte Gipfelgrat ist breit. Ausgesprochene Sommertour.

Freuden: Vom Gipfel hat man einen überwältigenden Rundblick. Man steht fast auf Augenhöhe mit den höchsten Bergen der Ostalpen. Im Westen sieht man das Dreigestirn von Ortler, Zebru und Königspitz, außerdem Suldenspitze und Cevedale. Im Martelltal erblickt man die Gletscher von Marmotta-, Venezia- und Zufrittspitze und gegen Norden überragt die Weißkugel die Ötztaler Alpen.

> **GUTSCHEINE**
> *Für dieses Gebiet und Umgebung siehe Seiten 176–178*

6 MOROSINIWEG

START

Ausgangspunkt
Sulden, Parkplatz Langenstein-Sessellift

Anfahrt
Von Prad aus fährt man mit dem Auto auf der Stilfserjochstraße bis Gomagoi, dort zweigt die Straße nach Sulden ab (Parken im Ortskern bzw. beim Sessellift).

Gehzeit
2 ¾ Stunden

Höhenunterschied
330 m im Aufstieg,
über 800 m im Abstieg

Rundwanderung in der Urwelt der Gletscher. Die Tour über den Morosiniweg (Suldener Höhenweg) führt zur Hintergrathütte (2661 m) am Gratsee, einem herrlichen Aussichtspunkt: atemberaubender Ausblick auf das Dreigestirn Königspitze, Monte Zebrù und Ortler. In Sulden, am Fuß des „End'-der-Welt-Ferners", dem vom Ortler herabkommenden Gletscher, befindet sich das Messner Mountain Museum Ortles, das von den Schrecken des Eises und der Finsternis, dem Schneelöwen und dem Schneemenschen bzw. vom dritten Pol erzählt.

GUTSCHEINE

Für dieses Gebiet und Umgebung siehe Seiten 176–178

Der Weg: Sulden ist ein beeindruckendes Hochtal, das von nicht weniger als 14 Dreitausendern eingerahmt wird, darunter auch vom Ortler (3902 m), der höchsten Erhebung in Südtirol. Die Tour beginnt in Sulden an der Talstation des Sessellifts zum Langenstein. Die Fahrt mit dem Lift verkürzt die Strecke erheblich. Von der Bergstation nimmt man den Weg Nr. 3 (Morosiniweg) zur Hintergrathütte. Der Weg steigt nur mäßig an und überquert den Moränenschutt, den die Gletscher des Ortlers heruntergeschoben haben. Nach Überwindung einer kurzen, gesicherten Felspassage erreicht man das Schutzhaus Hintergrat. Der Abstieg von der Hütte erfolgt über Weg Nr. 2. Zunächst wandert man Richtung Süden, dann geht es auf Serpentinen und den Gletscherbach querend hinüber zur Mittelstation der Seilbahn. Von hier aus wandert man auf einem breitem Weg hinunter nach Innersulden und zurück zum Parkplatz am Langensteinlift.

Alternativen: Wer will, kann auch zu Fuß von Sulden zum Langenstein wandern. Dafür nimmt man bei der Kirche den Weg Nr. 4, der durch den Wald aufwärts führt. Auf Weg Nr. 10 geht man dann südwärts zum Langenstein. Für den Aufstieg muss man zur Gesamtgehzeit eine gute Stunde dazurechnen.

Mühen: 330 m HU, Aufstieg zur Hintergrathütte 1 ¼ Stunden. Hochgebirgswanderung auf einem leichten, großteils gut ausgebauten Weg, mit einer kurzen, gesicherten Teilstrecke (Stahlseile); Abstieg 800 Höhenmeter, ohne besondere Schwierigkeiten, im unteren Teil auf breitem Weg. Sollte nur bei schneefreien Verhältnissen gegangen werden, d. h. von Juni bis Ende September.

Freuden: Die Rundwanderung ist eine beeindruckende Annäherung an die Gletscherwelt der Ortlergruppe.

7 STILFSER HÖHENWEG ZUR DREISPRACHENSPITZE 2843 m

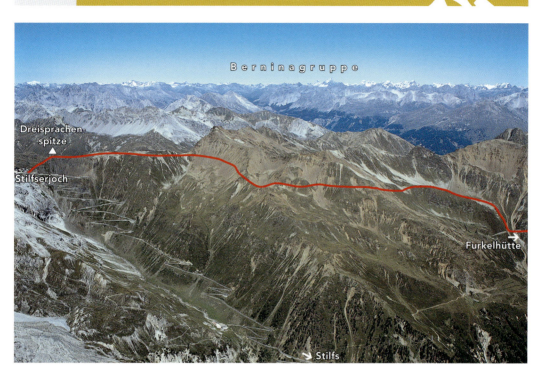

START

Ausgangspunkt
Trafoi

Anfahrt
Mit dem Auto oder Bus von Spondinig im Vinschgau (dort Bahnhof der Vinschger Bahn) nach Trafoi, die Talstation des Sessellifts liegt in der Nähe der Bushaltestelle.

Gehzeit
3 bis 3½ Stunden

Höhenunterschied
690 m

Dieser Höhenweg bietet den schönsten Ausblick auf die gewaltigen Gletschermassen des Ortlers. Die Wanderung führt von der herrlich gelegenen Furkelhütte über den Goldsee und die Dreisprachenspitze zum Stilfserjoch, dem höchsten Pass Europas. Auf der Dreisprachenspitze steht der Grenzstein Nr. 1, der heute die Grenze zwischen Italien und der Schweiz markiert, bis zum Ende des Ersten Weltkrieges kennzeichnete er den Grenzverlauf zwischen Österreich, Italien und der Schweiz.

Der Weg: Von Trafoi fährt man bequem mit dem Sessellift zur Furkelhütte. Dort beginnt der Weg Nr. 20, auch als „Stilfser Höhenweg" oder „Goldseeweg" bekannt, und führt zunächst über Wiesenhänge hinauf zum Goldsee. Weiter oben, fast auf Passhöhe, gabelt sich der Weg: Links geht es direkt zum Stilfserjoch, rechts zur Kammhöhe des Berges und weiter zur Dreisprachenspitze. Vom Gipfel wandert man zum Stilfserjoch zurück und fährt mit dem Linienbus über die Stilfserjochstraße zurück nach Trafoi.

Alternativen: Man kann die Wanderung auf dem Panoramahöhenweg natürlich auch am Stilfserjoch beginnen und von dort direkt auf die Dreisprachenspitze steigen. Der Rückweg führt dann über den Goldsee zur Furkelhütte. Von dort kann man mit dem Sessellift oder zu Fuß nach Trafoi zurückkehren.

Mühen: 690 m HU, Aufstieg 3 bis 3½ Stunden. Der Höhenweg ist gut ausgebaut und steigt gleichmäßig an, nur an einigen Stellen ist er leicht ausgesetzt. Für die kurzen Passagen über felsiges Gelände braucht man etwas Erfahrung. Beste Jahreszeit für diese Tour ist der Sommer.

Freuden: Fantastischer Panoramablick, da man die Gletscher und Gipfel immer vor sich hat – Ortlergruppe, Thurwieser Spitze, Trafoier Eiswand, Geisterspitze und Stilfserjoch. Von der Dreisprachenspitze hat man eine herrliche Sicht auf die Engadiner Kalkberge im Schweizerischen Nationalpark.

> **GUTSCHEINE**
>
> *Für dieses Gebiet und Umgebung siehe Seiten 176–178*

8 VORDERE ROTSPITZE — 3091 m

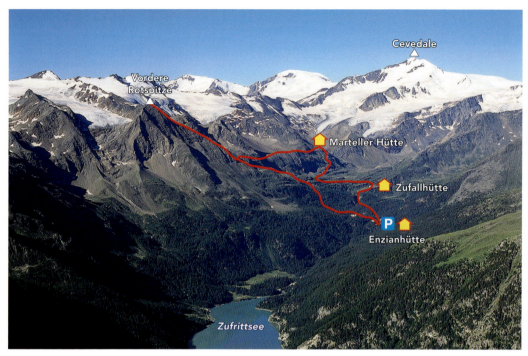

START

Ausgangspunkt
Parkplatz im Talschluss von Martell

Anfahrt
Von Goldrain im Vinschgau fährt man mit dem Auto ins Martelltal und weiter bis zum Talschluss (gebührenpflichtiger Parkplatz).

Gehzeit
6 Stunden

Höhenunterschied
1040 m

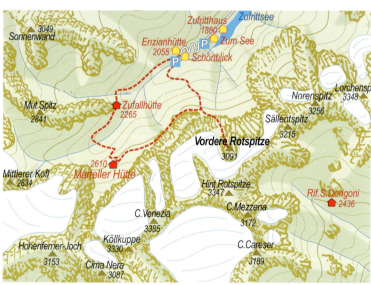

Ein echter Dreitausender mit Gletscherblick. Die Vordere Rotspitze am Ende des Martelltals gilt als Aussichtsplattform vor der Gebirgskette zwischen Cevedale, Veneziaspitze und Hinterer Rotspitze. Sie bietet ein beeindruckendes Panorama der Gletscher der Ortlergruppe.

Der Weg: Beim großen Parkplatz im Talschluss von Martell beginnt die Tour. Auf der Fahrstraße geht es am ehemaligen Hotel „Paradiso" vorbei, wo kurz nach einer Brücke rechts der Weg Nr. 31 abzweigt. Der Weg geht anfangs durch lichten Lärchenwald in fast direkter Linie aufwärts. Bei einer Weggabelung unterhalb des Gipfelaufbaus geht es links über steile Geröllfelder hinauf. Die letzten 100 Höhenmeter sind recht steil, der Steig zum Gipfel verläuft durch eine mit einem Stahlseil gesicherte Rinne. Abstieg auf derselben Route bzw. siehe Alternative.

Alternativen: Abstieg bis zur Weggabelung, dann geht man nach links und in mehrmaligem Auf und Ab unterhalb der Gletscherzungen der Veneziaspitzen in Richtung Marteller Hütte (Weg Nr. 37/37A). In der Fortsetzung führt der Gletscherlehrpfad bis zur Hütte. Der weitere Abstieg verläuft dann über die Zufallhütte zum Ausgangspunkt. Oder man nimmt kurz vor der Marteller Hütte den direkten Abstieg zum ehemaligen Wasserschutzdamm und weiter zur Zufallhütte bzw. zum Ausgangspunkt.

Mühen: 1040 m HU, Aufstieg 3 ½ Stunden. Es geht teilweise durch steiles Gelände, aber auf gutem, nicht ausgesetztem Steig, der auf dem letzten Stück mit Seilen gesichert ist. Keine alpinen Herausforderungen, Trittsicherheit und Kondition sind aber Voraussetzungen. Beste Zeit für diese mittelschwere Besteigung ist der Sommer bzw. der Frühherbst; vorausgesetzt, es liegt kein Schnee.

Freuden: Die Vordere Rotspitze bietet einen atemberaubenden Blick auf die Gletscher, die von der Rotspitze und der Veneziaspitze herunterragen. Außerdem eröffnen sich großartige Ausblicke auf Cevedale, Zufallspitz, Suldenspitz, Königspitz, Monte Zebrù und Ortler auf der einen Seite und Schöntaufspitze, Pederspitz und Lyfispitz auf der anderen Seite.

> **GUTSCHEINE**
>
> *Für dieses Gebiet und Umgebung siehe Seiten 176–178*

9 NOCKSPITZE — 2719 m

START

Ausgangspunkt
Vernagt

Anfahrt
Bei Staben im Vinschgau Abzweigung ins Schnalstal, über Unser Frau in Schnals fährt man bis Vernagt (Parkplatz am See).

Gehzeit
6½–7 Stunden

Höhenunterschied
1009 m

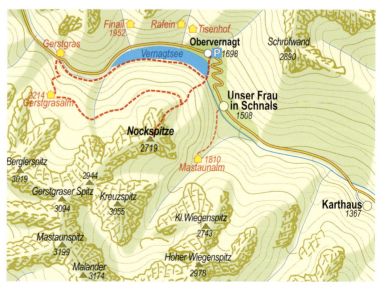

Die Nockspitze ist der zentrale Aussichtsberg im Schnalstal. Vom Gipfel, der sich hoch über dem Vernagt-Stausee erhebt, überblickt man das ganze Schnalstal. Außerdem kann man den Abstieg mit einer interessanten Almwanderung verbinden.

> **GUTSCHEINE**
>
> *Für dieses Gebiet und Umgebung siehe Seiten 176–178*

Der Weg: Von Vernagt am gleichnamigen Stausee geht man zuerst über den Staudamm, dann auf Weg Nr. 17 durch den Wald zur Waldinger Alm und weiter bis zur Waldgrenze. Nun geht es steil über den baumfreien Kamm hinauf zum Nordgrat und weiter bis zum Gipfelkreuz. Zurück geht es auf demselben Weg bis zur Weggabelung. Dort biegt man links auf Weg Nr. 16 ein, der taleinwärts führt und weiter unten auf den Almsteig Nr. 13 stößt. Dieser Weg führt nun im leichten Auf und Ab über die Almböden zur schön gelegenen Gerstgrasalm (auch Berglalm genannt). Abstieg durch Zirmwald zum Gasthaus „Gerstgras" und weiter auf Weg Nr. 13A talauswärts über Wiesen und durch Lärchenwald zum See. Am See entlang wandert man dann zurück zum Staudamm.

Alternativen: Man kann vom Gipfel auch auf Weg Nr. 16 und 13 direkt zum See hinunterwandern. Eine weitere Alternative ist die linksseitige Seeumrundung auf einem neuen Wanderweg mit Hängebrücken (die Gehzeit verlängert sich um ca. 40 Minuten).

Mühen: 1009 m HU, Aufstieg 3 ¼ Stunden. Der direkte Weg zum Gipfel ist steil und etwas eintönig, aber nicht ausgesetzt und ohne Schwierigkeiten zu bewältigen. Der Abstieg über die Gerstgrasalm ist eine ausgedehnte, teilweise fast ebene Bergwanderung.

Freuden: Die Nockspitze bietet eine einmalige Aussicht über das gesamte Schnalstal, besonders schön ist der Blick auf den Similaun und die Finailspitze. Die Wanderung über die Gerstgrasalm erschließt das Hochalmengebiet des hinteren Schnalstales. Die Tour kann im Sommer und bis in den Herbst hinein unternommen werden.

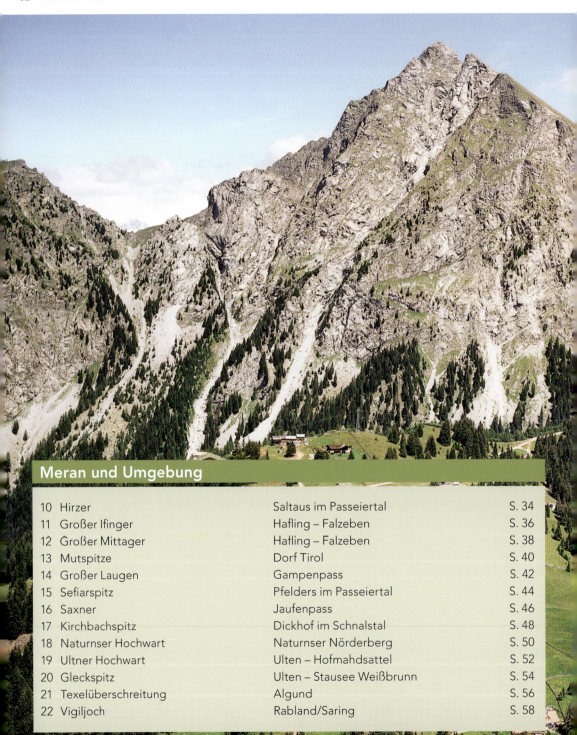

Meran und Umgebung

10	Hirzer	Saltaus im Passeiertal	S. 34
11	Großer Ifinger	Hafling – Falzeben	S. 36
12	Großer Mittager	Hafling – Falzeben	S. 38
13	Mutspitze	Dorf Tirol	S. 40
14	Großer Laugen	Gampenpass	S. 42
15	Sefiarspitz	Pfelders im Passeiertal	S. 44
16	Saxner	Jaufenpass	S. 46
17	Kirchbachspitz	Dickhof im Schnalstal	S. 48
18	Naturnser Hochwart	Naturnser Nörderberg	S. 50
19	Ultner Hochwart	Ulten – Hofmahdsattel	S. 52
20	Gleckspitz	Ulten – Stausee Weißbrunn	S. 54
21	Texelüberschreitung	Algund	S. 56
22	Vigiljoch	Rabland/Saring	S. 58

Großer und Kleiner Ifinger von Süden, links die Ifingerscharte, rechts Kuhleiten mit Plattenspitzen

10 HIRZER 2781 m

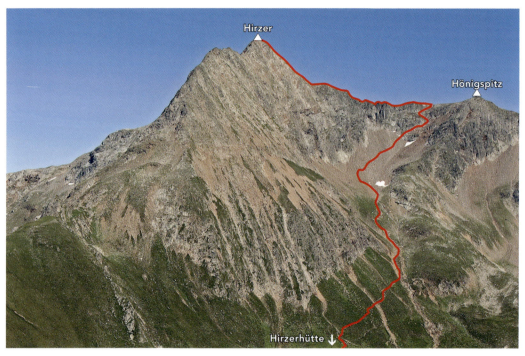

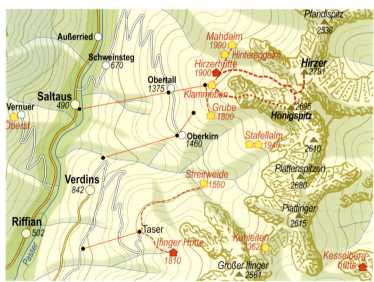

START

Ausgangspunkt
Saltaus im Passeiertal

Anfahrt
Mit dem Auto oder Linienbus fährt man von Meran nach Saltaus (gebührenfreier Parkplatz bei der Talstation der Hirzer-Seilbahn, Bushaltestelle unmittelbar daneben).

Gehzeit
Gut 5 Stunden

Höhenunterschied
750 m

Gipfelrast am Hirzer

> **GUTSCHEINE**
> *Für dieses Gebiet und Umgebung siehe Seiten 178–187*

Die höchste Erhebung des Sarntaler Kammes ist ein klassischer Meraner Hausberg. Der Hirzer belohnt den Bergwanderer mit einem herrlichen Ausblick auf die Gipfel der Texelgruppe. Seine Besteigung ist ein schönes Bergerlebnis ohne besondere Schwierigkeiten.

Der Weg: Ausgangspunkt der Wanderung ist Saltaus, von wo man mit der Hirzer-Seilbahn nach Klammeben fährt. Von der Bergstation der Seilbahn wandert man – immer der Beschilderung „Hirzerhütte" folgend – erst gemütlich einen Hügel hinauf und dann wieder hinunter zum herrlich gelegenen Schutzhaus. Hier folgt man dem Schild „Hirzer" und trifft auf den Europäischen Fernwanderweg (E5), der zunächst leicht, später steiler ansteigend zur oberen Scharte (2683 m) führt. Der letzte Teil ist ziemlich steil und steinig, aber gut hergerichtet. Nach der Scharte geht es auf dem Gebirgsjägersteig links weiter in die Südflanke des Berges und über Serpentinen steil zum Gipfel hinauf. Der Abstieg erfolgt über dieselbe Route.

Alternativen: Wer von der Scharte aus den Aufstieg nicht wagen will, kann rechts weiter zum Hönigspitz wandern. Die Gipfelwanderer können auch über den Höniggrat absteigen, allerdings ist diese interessante Variante ein wenig ausgesetzt.

Mühen: 750 m HU, Aufstieg 2¾ Stunden. Die Besteigung ist mit alpiner Erfahrung und Ausrüstung gut zu bewältigen.

Freuden: Vom höchsten Gipfel der Sarntaler Alpen hat man einen freien Rundblick auf Dolomiten, Brentagruppe, Ortler, Texelgruppe, Stubaier und Sarntaler Alpen. Die Tour ist von Juni bis in den Spätherbst möglich.

11 GROSSER IFINGER — 2581 m

START

Ausgangspunkt
Hafling – Falzeben

Anfahrt
Mit dem Auto fährt man von Hafling nach Falzeben (großer gebührenpflichtiger Parkplatz). Oder mit der Seilbahn aus dem Naiftal (Meran) nach Meran 2000.

Gehzeit
Gut 5 Stunden von Falzeben aus, vom Piffinger Köpfl 4 ½ Stunden

Höhenunterschied
968 m

Dieser klassische Hausberg von Meran bietet eines der schönsten Panoramen überhaupt. Der Felsgipfel des Großen Ifinger erfordert im obersten Teil etwas Klettererfahrung, Trittsicherheit und Schwindelfreiheit. Er vermittelt dafür aber auch ein echtes Gipfelerlebnis mit Weit- und Tiefblick. Weniger gefährlich und leicht zu erwandern ist dagegen der Kleine Ifinger.

GUTSCHEINE

Für dieses Gebiet und Umgebung siehe Seiten 178–187

Der Weg: Der Weg auf den Großen Ifinger beginnt beim Parkplatz in Falzeben. Von hier kann man gemütlich nach Piffing (Meran 2000) wandern oder mit der Seilbahn fahren. Weiter geht es in angenehmer Steigung zur bewirtschafteten Schutzhütte Kuhleiten (2362 m). Nun steigt man über den steiler werdenden Grat auf einem Felsenweg bis zum Gipfeleinstieg. Hier beginnt das letzte Wegstück, das ein wenig Klettererfahrung voraussetzt. Beide Passagen sind mit Stahlseilen gesichert. Rückweg auf der gleichen Route.

Alternativen: Wer den letzten Aufstieg zum Großen Ifinger nicht wagen möchte, kann stattdessen den Kleinen Ifinger besteigen. Hierzu geht man auf dem Grat weiter geradeaus über den Grashügel bis zum Gipfel. Der Weg ist leicht und ungefährlich.

Mühen: Von Falzeben aus gut 3 Stunden Aufstieg (von Piffing aus 680 m HU, Aufstieg: 2½ Stunden). Bis Kuhleiten einfacher und mäßig ansteigender Weg; der Grat zum Gipfeleinstieg ist steiler. Im letzten Teil gibt es eine kurze, mit Stahlseilen gesicherte Kletterpassage, mäßig ausgesetzt. Voraussetzung: Bergerfahrung, Schwindelfreiheit und Trittsicherheit.

Freuden: Der Blick von einem der schönsten Aussichtsberge ist überwältigend: Fernblick auf alle Gebirgsgruppen und Tiefblick auf das Meraner Land. Die Gipfeltour kann vom Frühsommer bis in den Spätherbst unternommen werden.

Strahlendes Gipfelkreuz im letzten Sonnenlicht

12 GROSSER MITTAGER — 2422 m

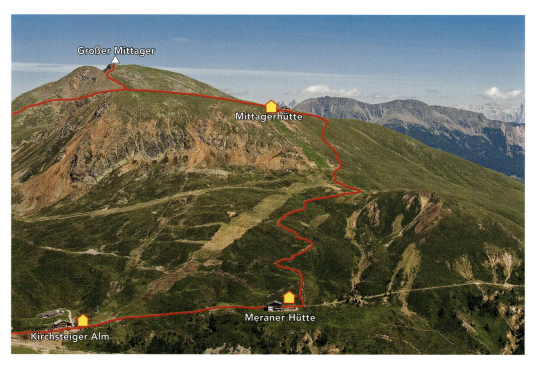

START

Ausgangspunkt
Hafling – Falzeben

Anfahrt
Von Hafling aus fährt man mit dem Auto nach Falzeben (auch mit dem Bus von Meran aus erreichbar).

Gehzeit
4 ½ Stunden

Höhenunterschied
760 m

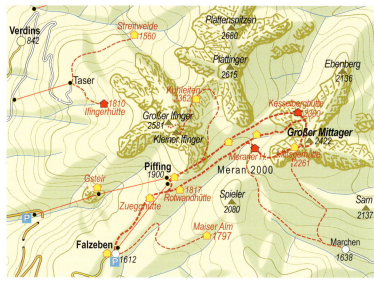

Die Rundwanderung führt über einen gemütlichen Hausberg. Der Große Mittager kann das ganze Jahr über bestiegen werden. Er ist auch bei Schneeschuhwanderern sehr beliebt.

GUTSCHEINE

Für dieses Gebiet und Umgebung siehe Seiten 178–187

Der Weg: Die Rundwanderung über den Großen Mittager beginnt in Falzeben. Auf Weg Nr. 14 wandert man gemütlich durch den Wald über die Zuegg- und Rotwandhütte bis zur Kirchsteigeralm und weiter Richtung „Kesselberg". Am Bergsattel unterhalb der Kesselberghütte zweigt rechts der Weg Nr. 13 ab, der die Bergflanke des Mittagers quert und zum Mittagerjoch führt. Dann geht man links hinauf zum Gipfel des Großen Mittagers. Für den Abstieg nimmt man den Weg Nr. 13 zur weithin sichtbaren Mittagerhütte. Der markierte Weg führt im Abstieg zurück zur Kirchsteigeralm und weiter nach Falzeben, wo sich die Rundwanderung schließt.

Alternativen: Man kann auch mit der Seilbahn vom Naiftal nach Meran 2000 fahren. Von Piffing aus nimmt man den oberen Weg zur Kirchsteigeralm, der an der Waidmannalm vorbeiführt. Der restliche Routenverlauf ist so, wie oben beschrieben.

Mühen: 760 m HU, Aufstieg 2 ½ Stunden. Der Weg ist leicht, größtenteils eben und ohne alpine Herausforderungen.

Freuden: Vom Großen Mittager bietet sich eine wunderbare Rundsicht über die Bergwelt des Sarntaler Kammes. Zu sehen sind auch Dolomiten, Brentagruppe, Adamello, Ortler- und Texelgruppe. Die Tour kann fast das ganze Jahr über begangen werden, der Weg bis zur Kirchsteigeralm ist auch bei Schneeschuhwanderern beliebt.

Kuhleiten und Plattenspitzen vom Ifinger

13 MUTSPITZE — 2295 m

START

Ausgangspunkt
Dorf Tirol (Seilbahnstation)

Anfahrt
Von Meran mit dem Auto oder Linienbus nach Dorf Tirol, die Seilbahnstation liegt oberhalb des Ortskerns (großer Parkplatz).

Gehzeit
5 ½ Stunden

Höhenunterschied
950 m

Dieser prächtige Aussichtsberg über Meran ist der östliche Eckpfeiler der Texelgruppe. Auch wenn dieser Gipfel nur knapp 2300 m hoch ist, ist man doch mitten im Hochgebirge. Der Blick auf Meran und das Burggrafenamt ist einmalig.

> **GUTSCHEINE**
>
> *Für dieses Gebiet und Umgebung siehe Seiten 178–187*

Der Weg: Mit der Seilbahn geht es von Dorf Tirol zum Gasthaus Hochmuth (1361 m), wo sich die Bergbauernhöfe – auch Muthöfe genannt – an den Berg klammern. Der Weg führt zunächst hinauf zum Gasthaus Steinegg. Dort geht man rechts auf Weg Nr. 23 durch schattigen Mischwald zum Mutkopf, wo ebenfalls ein Gasthaus steht. Vom Mutkopf aus wandert man der Beschilderung „Mutspitz" folgend (Weg Nr. 22 „Tiroler Höhenweg") auf einem gut ausgebauten Wanderweg über den Ostgrat. Oberhalb der Baumgrenze wird der Grat zunehmend steiler, der Weg ist aber immer bequem. Auf dem letzten Stück führt er durch felsiges Gelände, man muss aber nirgends klettern. Der Abstieg erfolgt auf der gleichen Route.

Alternativen: Man kann die Tour auch variieren, indem man den Gipfel überschreitet und anschließend nach Hochmuth zurückwandert. Vom Gipfel geht man auf dem Gipfelgrat weiter bis zum Taufenjoch. Dort führt ein steiler, aber schöner Serpentinenweg über die Taufenscharte zur Leiteralm hinunter. Über den „Hans-Friedens-Weg" geht man anschließend zurück nach Hochmuth. Dieser Weg ist etwas anspruchsvoller und länger (zur Gesamtgehzeit muss man 1 ½ Stunden hinzurechnen), aber ohne besondere Schwierigkeiten. Man kann die Wanderung auch in umgekehrter Richtung gehen, da man so der direkten Sonne ausweichen kann.

Mühen: 950 m HU, Aufstieg gut 3 Stunden. Leichte Tour, im Gipfelbereich ist der Weg felsiger, aber nicht ausgesetzt. Die Tour kann man fast das ganze Jahr über machen – vorausgesetzt, es liegt kein Schnee auf dem Grat.

Freuden: Klassischer Hausberg, der auf gut ausgebautem und zum Teil gepflastertem Weg zu besteigen ist. Fantastische Aussicht auf die Texelgruppe: auf Zielspitze, Tschigat und Rötelspitz vorn und Lodner sowie Hohe Weiße hinten. Der Weitblick geht zu den Dolomiten im Osten, zur Brentagruppe im Süden, in den Vinschgau sowie zur Ortlergruppe im Westen. Den Tiefblick auf Meran und Umgebung kann man bereits vom Hochmuth aus genießen.

14 GROSSER LAUGEN — 2433 m

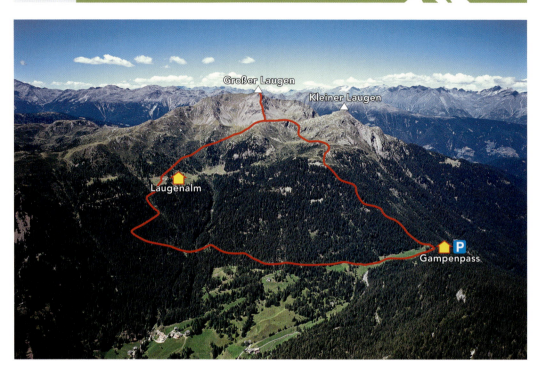

START

Ausgangspunkt
Gampenpass (1518 m)

Anfahrt
Von Lana zweigt die Straße auf den Gampenpass ab (Parkmöglichkeiten am Pass und entlang der Straße).

Gehzeit
5 ½ Stunden

Höhenunterschied
915 m

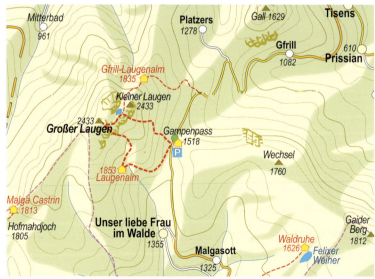

GUTSCHEINE

Für dieses Gebiet und Umgebung siehe Seiten 178–187

Der klassische Hausberg ragt hoch über dem Etschtal auf. Der Laugen stellt als markanter Berg zwischen St. Pankraz und Unser Frau im Walde symbolisch die Verbindung zwischen dem Ultental und dem Deutschnonsberg her. Er wurde nachweislich bereits im 16. Jahrhundert von zwei adeligen Damen (unter männlicher Führung) bestiegen und gilt seitdem als „Damenberg".

Der Weg: Die Wanderung beginnt auf dem Gampenpass. Hier beginnen zwei Wege auf den Laugen, um den sich zahllose Gewittersagen ranken. Der eine führt steil hinauf, der andere ist gemütlicher. Wir nehmen den gemütlichen Weg Nr. 10, der zunächst eben und parallel zur Straße in den Wald führt. Dann wandert man mäßig ansteigend hinauf zur Laugenalm (1853 m). Der gut markierte Weg führt dann steiler werdend aufwärts und im letzten Teil über einen Grat zum Gipfel. Für den Abstieg nimmt man dieselbe Route.

Alternativen: Man kann für den Abstieg auch den direkten, steilen Weg Nr. 133 (Bonacossa-Weg) nehmen, der unterhalb des Gipfels den Weg Nr. 10 kreuzt. Auf diesem Steig geht man zunächst zum Laugensee und dann weiter abwärts zum Gampenpass. Man kann diesen Weg auch für den Aufstieg wählen.

Mühen: 915 m HU, Aufstieg 3 Stunden. Der Weg über die Laugenalm ist etwas länger, aber gemütlicher. Er stellt keine besonderen alpinen Herausforderungen und ist mit etwas Ausdauer leicht zu schaffen.

Freuden: Alm- und Gipfelwanderung in einem. Man hat eine prächtige Aussicht über das Etschtal, den Nonsberg und ins Ultental. Kann vom Frühsommer bis in den Spätherbst unternommen werden.

15 SEFIARSPITZ — 2846 m

START

Ausgangspunkt
Pfelders im Passeiertal

Anfahrt
Von Meran fährt man mit dem Auto oder dem Linienbus nach Pfelders (großer Parkplatz bei der Talstation des Sesselliftes).

Gehzeit
5 ½ Stunden

Höhenunterschied
846 m

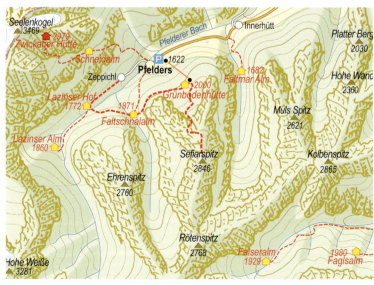

Ein gemütlicher Gipfel inmitten einer grandiosen Bergwelt. Dieser Berg steht zwischen den gewaltigen Gipfeln der Texelgruppe und der Ötztaler Alpen, die fast alle höher sind. Man hat einen fantastischen Rundblick, quasi auf Augenhöhe mit den Dreitausendern.

> **GUTSCHEINE**
>
> *Für dieses Gebiet und Umgebung siehe Seiten 178–187*

Der Weg: Von Pfelders fährt man mit dem Sessellift (Talstation am Dorfausgang) bis zur Grünbodenhütte. Der Weg führt rechterhand an der Hütte vorbei Richtung Süden auf den Gipfel (Beschilderung „Sefiar"). Zunächst geht es über die Skipiste bis zu einem kleinen Joch hinauf. Dann wandert man auf dem steiler werdenden Steig zum gut sichtbaren Gipfel. Für den Rückweg bis zur Grünbodenhütte nimmt man dieselbe Route. Von der Hütte aus führt ein breiter, nur mäßig steiler Weg durch den Wald im weiten Bogen nach Pfelders zurück (zur Gesamtgehzeit 1 Stunde dazurechnen). Oder man fährt mit dem Sessellift wieder zum Ausgangspunkt.

Alternativen: Wer keine Gipfeltour unternehmen möchte, kann von der Grünbodenhütte aus auch auf einem breiten Panoramaweg zur Faltschnalalm und weiter nach Lazins wandern. Von hier aus geht es auf Weg Nr. 8 eigentlich immer abwärts nach Pfelders zurück (Gehzeit: gut 2 Stunden).

Mühen: 846 m HU, Aufstieg 2 ¾ Stunden. Im oberen Teil ist der Weg zwar steil, aber nicht schwierig; direkte Wegführung zum Gipfel, kein Kletterberg und auch nicht ausgesetzt. Der Gebrauch von Gehstöcken ist hilfreich.

Freuden: Der leicht zu besteigende Gipfel bietet einen einmaligen Ausblick auf die nahen Bergriesen: Kolbenspitz, Lazinser Rötelspitz, Lodner und Hohe Weiße in der Texelgruppe und Hohe Wilde, Seelenkogel, Liebener Spitz und Sewerspitz am Ötztaler Kamm. Die Tour sollte im Sommer oder im Frühherbst unternommen werden, weil der Anstieg auf der Nordseite des Berges erfolgt.

16 SAXNER — 2358 m

START

Ausgangspunkt
Jaufenpass (Parkplatz)

Anfahrt
Durch das Passeiertal auf der Jaufenstraße bis zur Römerkehre (11. Kehre). In der Kehre geht es steil links hinauf zu einem großen Parkplatz.

Gehzeit
3 ½ Stunden

Höhenunterschied
260 m

Ein leichter und sehr lohnender Aussichtsgipfel im Jaufenkamm. Vom Jaufenpass aus kann man den Gipfel Saxner, einen Ausläufer der Stubaier Alpen, in recht kurzer Zeit besteigen.

Der Weg: Die Wanderung beginnt bei der sogenannten Römerkehre, der letzten Kehre vor dem Jaufenpass (Parkplatz oberhalb der Kehre). Der Weg führt zunächst fast eben zur Flecknerhütte und auf Steig Nr. 12 westwärts über die weiten Grashänge zum Glaitenjoch. Auf wenigen Serpentinen geht es den Grashang empor zur Spitze, die auch als Glaitner Hochjoch bezeichnet wird. Den Rückweg kann man vom Glaitenjoch aus über den Fleckner (Nr. 12B) erweitern und in Fortsetzung des Bergkammes zur Flecknerhütte absteigen.

Mühen: 260 m HU, Aufstieg 2 Stunden. Der Weg ist gemütlich und bis zum Glaitenjoch neu ausgebaut. Die Gipfelbesteigung ist sehr einfach. Der Weg folgt immer dem Südhang des Bergkammes und kann deshalb vom Frühsommer bis zum Spätherbst begangen werden.

Freuden: Eine leichte und relativ kurze Gipfelwanderung zu einem besonders attraktiven Aussichtsberg. Der Blick geht unmittelbar ins Passeiertal und weit in den Süden. Im Südwesten sieht man die Texelgruppe und im Norden die Stubaier Gletscherwelt. Im Osten ragt die Jaufenspitze auf.

> **GUTSCHEINE**
>
> *Für dieses Gebiet und Umgebung siehe Seiten 178–187*

Die Bergterrasse von Stuls im Hinterpasseier

17 KIRCHBACHSPITZ — 3053 m

START

Ausgangspunkt
Dickhof im Schnalstal

Anfahrt
Hinter Naturns zweigt die Straße ins Schnalstal ab. Kurz hinter Altrateis fährt man rechts auf der schmalen Höfestraße bis zum höchsten Bauernhof (Einkehr- und Parkmöglichkeit).

Gehzeit
6½–7 Stunden

Höhenunterschied
1340 m

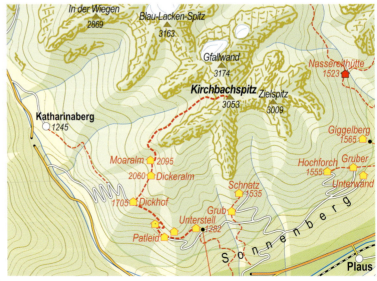

Aufstieg zum Kirchbachspitz

> **GUTSCHEINE**
>
> *Für dieses Gebiet und Umgebung siehe Seiten 178–187*
>
> **GUTSCHEIN ZU DIESER TOUR**
>
> *Seilbahn-Gasthaus Unterstell – Naturns siehe Seite 179*

Dieser Dreitausender in der Texelgruppe dominiert den Naturnser Sonnenberg. Sehr eindrucksvoll ist die Aussicht nach Süden – auf Naturns und den Unteren Vinschgau –, im Osten sieht man die felsige Zielspitze, im Norden die anderen Gipfel der Texelgruppe (Gfallwand, Lodner, Tschigat, Hohe Weiße). Auch die Hohe Wilde hat man im Blick.

Der Weg: Die Wanderung beginnt beim Dickhof (im Schnalstal), der wie eine Aussichtskanzel über dem Vinschgau und dem Schnalstal liegt. Auf Weg Nr. 10 (Beschilderung „Dicker Alm") geht man durch schattigen Wald erst zur Dicker Alm (2060 m) und dann weiter zur Moaralm. Hier zweigt rechts der Weg Nr. 10A ab, auf dem man weiter in das urige Hochtal wandert. Der Weg führt über Almböden in den Geröllsturz (Gfall) des Berges und wird im letzten Teil stetig steiler. Am Grat angelangt, sind es nur noch wenige Meter bis zum Gipfelkreuz. Der Abstieg erfolgt auf demselben Weg.

Alternativen: Die Kirchbachspitze kann auch von Unterstell (Bergstation der Seilbahn Sonnenberg, ebenfalls auf Weg Nr. 10 und 10A) aus bestiegen werden. Allerdings ist der Weg etwas steil und der zu bewältigende Höhenunterschied größer, und zwar 1500 m bzw. 1750 m.

Mühen: 1340 m HU, Aufstieg 3½ bis 4 Stunden. Bergwanderung durch ein Hochtal, erst der letzte Teil des Aufstieges führt über Felsgeröll, ist aber nicht schwierig und nur im Gipfelbereich ein wenig ausgesetzt.

Freuden: Weiter Ausblick über den Vinschgau und auf zahlreiche Berggipfel. Im Sommer und Frühherbst zu empfehlen.

18 NATURNSER HOCHWART — 2608 m

START

Ausgangspunkt
Parkplatz Kreuzbrünnl am Naturnser Nörderberg

Anfahrt
Von Naturns (Sportplatz) fährt man über die Höfestraße zum Nörderberg (Parkmöglichkeiten beim Parkplatz Kreuzbrünnl).

Gehzeit
5 ¾ Stunden

Höhenunterschied
1000 m

Dieser Hausberg des Unteren Vinschgaus kann mit einer Almwanderung verbunden werden. Der Gipfel garantiert eine prächtige Aussicht auf das Etschtal und die umliegenden Bergriesen.

Der Weg: Vom Parkplatz Kreuzbrünnl am Naturnser Nörderberg wandert man gut 100 m auf der Almstraße entlang bis zur Wegkreuzung. Hier nimmt man rechts den Weg mit der Beschilderung „Zehtenalm" (auch „Altalm" genannt) zur etwas versteckt liegenden Alm. Dort beginnt gleich rechts ein relativ steiler Serpentinenweg, der über den Nordhang des Berges bis zum Kamm führt, wo er auf den Weg Nr. 5 trifft. Auf diesem geht man nun weniger steil zum Gipfelaufbau und über den Grat zum Gipfel selbst. Dies ist der kürzeste, aber auch steilste Aufstieg zum Gipfel. Für den Abstieg nimmt man denselben Weg.

Alternativen: Man kann vom Gipfel auch über den Weg Nr. 9 zur Naturnser Alm absteigen. Diese Route, die ostwärts im weiten Bogen über Almgelände führt, ist allerdings viel länger. Die Gipfelwanderung lässt sich so jedoch mit einer schönen Almwanderung verbinden.
Wer nicht auf den Gipfel steigen möchte, macht einfach eine Almrundwanderung. Von der Zehtenalm läuft man über den Almenweg zur Naturnser Alm. Zurück zum Parkplatz geht es auf der Almstraße (Gehzeit ca. 2 ¾ Stunden).

Mühen: 1000 m HU, Aufstieg gut 3 Stunden. Direkter, steiler Weg über die Nordflanke des Berges, der aber keine besonderen Schwierigkeiten bietet und nicht ausgesetzt ist.

Freuden: Der Gipfel bietet Tiefblicke in den Vinschgau, ins Ulten- und Etschtal, besonders beeindruckend ist das Panorama der Texelgruppe und der Ötztaler Alpen, im Süden Aussicht auf den Ultner Kamm und im Osten auf die fernen Dolomiten. Die Wanderung kann vom Frühsommer bis zum Spätherbst unternommen werden, eventueller Restschnee ist nicht problematisch.

GUTSCHEINE

Für dieses Gebiet und Umgebung siehe Seiten 178–187

19 ULTNER HOCHWART — 2626 m

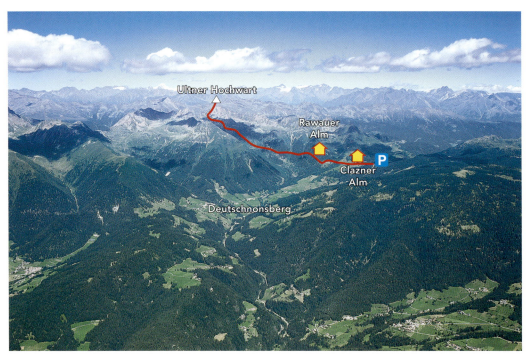

START

Ausgangspunkt
Parkplatz unter der Hofmahd (nach dem letzten Tunnel, kurz vor Proveis)

Anfahrt
Im Ultental zweigt die neue Straße nach Proveis (Deutschnonsberg) ab, Parkplatz nach dem Tunnel kurz vor Proveis.

Gehzeit
5 ½–6 Stunden

Höhenunterschied
850 m

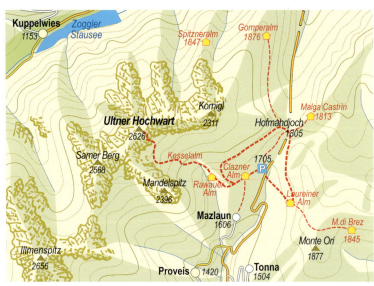

Dominanter Gipfel im Ultental, der einen der schönsten Blicke über den Nonsberg bietet. Der Berg liegt zentral im Ultner Gebirgskamm und hat einen steil aufragenden Gipfel. Er ist aber trotzdem über eine gemütliche Almwanderung zu erreichen.

Der Weg: Die Tour beginnt am Parkplatz unter der Hofmahd an der Straße nach Proveis. Zunächst erreicht man nach wenigen Gehminuten die Clazner Alm (Beschilderung auch „malga di Cloz"). Dann geht es eben weiter zur Rawauer Alm und anschließend rechts hinauf zum Bonacossa-Weg (Nr. 133), der zur Kesselalm führt. Von hier wandert man auf Weg Nr. 11 rechts hinauf zum Gipfel. Abstieg auf derselben Route.

Alternativen: Vom Parkplatz unter der Hofmahd wandert man zur Clazner Alm, dann geht es auf Weg Nr. 7 zum Bonacossa-Weg (Nr. 133), dem man nach rechts zum Hofmahdsattel folgt. Auf Weg Nr. 137 wandert man weiter zur schön gelegenen Laureiner Alm. Für den Rückweg zum Parkplatz nimmt man den Almweg (Gehzeit ca. 2 ½ Stunden).

Mühen: 850 m HU, Aufstieg 3 Stunden. Der Weg zu den beiden Almen ist angenehm, dann führt er steiler werdend in den Südhang des Berges. Der Gipfelanstieg ist im letzten Teil sehr steil, aber weder schwierig noch ausgesetzt.

Freuden: Schöne Almwanderung und leichter Aufstieg auf den zentralen Gipfel des Ultner Kammes, der das Tal dominiert und einen weiten Ausblick über das gesamte Nonstal bis zum Val di Sole und die Brentagruppe im Süden und zum Alpenhauptkamm im Norden bietet. Herrlicher Tiefblick ins Ultental. Die Tour kann vom Frühsommer bis in den Spätherbst begangen werden.

> **GUTSCHEINE**
> *Für dieses Gebiet und Umgebung siehe Seiten 178–187*

Cles am Lago di S. Giustina, im Hintergrund Corno di Tres und Cima d'Arza

20 GLECKSPITZ — 2957 m

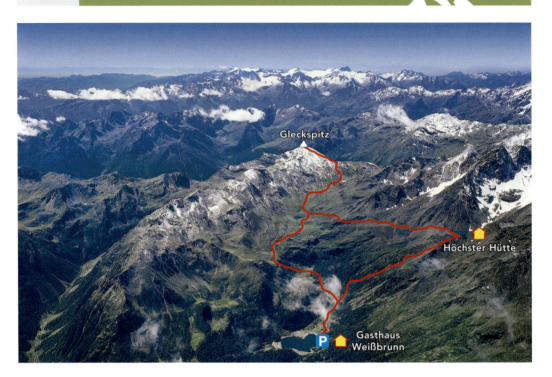

START

Ausgangspunkt
Weißbrunner Stausee im Ultental

Anfahrt
Von Lana fährt man bis nach St. Gertraud im Ultental, dort zweigt rechts eine schmale Bergstraße nach Weißbrunn ab (großer gebührenpflichtiger Parkplatz).

Gehzeit
Gut 6 Stunden

Höhenunterschied
960 m

Über eine Seenwanderung zum aussichtsreichen Grenzberg. Die Tour führt zu den Weißbrunner Seen im Ultental. Die Seenwanderung ist gemütlich, der Gipfelaufstieg erfordert Trittsicherheit und Kondition. Ganz sportliche Wanderer können Seenwanderung und Gipfeltour verbinden.

Der Weg: Vom Weißbrunner Stausee geht man zunächst auf Weg Nr. 103 Richtung „Höchster Hütte", dann links über die Holzbrücke und auf Weg Nr. 107 (Beschilderung „Gleck") bis zum Schwarzsee, dem letzten einer Reihe von Bergseen. Bis hier ist die Wanderung gemütlich, nun geht es in Serpentinen hinauf zum Schwärzerjoch (2825 m). Der Weg auf den Gipfel biegt links ab und führt über einen breiten Grat.

Alternativen: Wer nicht auf den Gipfel möchte, der belässt es bei der Seenrundwanderung. Auch diese beginnt am Weißbrunner Stausee und führt auf Weg Nr. 103 zum Langsee (2340 m). An der Weggabelung nimmt man rechts den Weg Nr. 12, der gut ausgeschildert zur „Höchster Hütte", dem alpinen Schutzhaus am Grünsee, führt. Dann wandert man steil abwärts wieder nach Weißbrunn (Gehzeit bis zur Hütte 3 Stunden, Abstieg noch einmal 1½ Stunden). Man kann diese Seenwanderung auch mit dem Aufstieg auf den Gipfel verbinden.

Mühen: 960 m HU, Aufstieg 3½ Stunden. Der Weg auf das Schwärzerjoch ist zwar steil, birgt aber keine besonderen Schwierigkeiten oder Gefahren. Er ist neu ausgebaut und gut beschildert. Der Grat bis zum Gipfel ist breit und nicht ausgesetzt. Die Wanderung kann vom Frühsommer bis zum Spätherbst unternommen werden, selbst dann, wenn im oberen Teil etwas Schnee liegt.

Freuden: Die Wanderung führt durch unberührte Natur und das herrliche Panorama entschädigt für die Mühen des Aufstiegs. Der unmittelbare Gipfelblick fällt auf die südliche Ortlergruppe. Weiter im Süden sind Presanella und Brentagruppe zu sehen, im Westen die Dolomiten.

GUTSCHEINE

Für dieses Gebiet und Umgebung siehe Seiten 178–187

GUTSCHEIN ZU DIESER TOUR

Höchsterhütte – Weißbrunn/St. Gertraud siehe Seite 186

21 TEXELÜBERSCHREITUNG — 2581 m

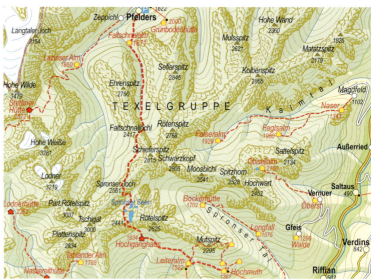

START

Ausgangspunkt
Algund, Sessellift nach Vellau

Anfahrt
Von Meran fährt man mit der Vinschger Bahn, dem Bus oder mit dem Auto nach Algund. Die Talstation des Sessellifts befindet sich im Oberdorf (Bushaltestelle und Parkplatz beim Lift).

Gehzeit
7–7 ½ Stunden

Höhenunterschied
1060 m

Die Höhenwanderung im Naturpark Texelgruppe führt von Algund nach Pfelders. Mächtig und wie eine gewaltige Mauer erhebt sich die Texelgruppe im Norden schützend über Meran. Diese alpine Tour ist nur etwas für geübte Wanderer.

Der Weg: Mit dem Sessellift (oder dem Auto) geht es von Algund nach Vellau und von dort zu Fuß oder mit dem Korblift zur Leiteralm. Hier beginnt die eigentliche Wanderung. Auf dem Meraner Höhenweg (Nr. 24) wandert man Richtung Norden zum Hochganghaus und über einen gesicherten Steig zur Hochgangscharte (2441 m). Auf Weg Nr. 7 und Nr. 22 geht es zum Langsee, dem größten der Spronser Seen, von dem aus man weiter zum Grünsee absteigt. Nun geht es links auf dem Tiroler Höhenweg (Nr. 6) in mäßiger Steigung hinauf zum Spronser Joch (2581m), dem höchsten Punkt der Wanderung. Der Weg führt fast eben weiter zum Faltschnaljöchl (2417 m) und durch das gleichnamige Tal zur Faltschnalalm. Von der Alm Abstieg nach Pfelders. Der Linienbus bringt den Wanderer zurück nach Meran (letzte Fahrt gegen 17 Uhr) bzw. von dort weiter nach Algund.

Alternativen: Man kann die Tour auch in umgekehrter Richtung gehen, d. h. von Pfelders über die Faltschnalalm, das Spronser Joch und Hochgang bis zur Leiteralm. Hier kann man auf dem Meraner Höhenweg bis Hochmuth wandern und mit der Seilbahn nach Dorf Tirol fahren. Von dort mit dem Bus oder zu Fuß nach Meran zurück.

Mühen: 1060 m HU, Aufstieg zum Hochgangjoch ca. 3 ½ Stunden, von dort zum Spronser Joch 1 ½ Stunden, Abstieg nach Pfelders ca. 2 Stunden. Die Tour ist hochalpin und erfordert Bergerfahrung, Kondition, Schwindelfreiheit und Trittsicherheit. Der Aufstieg zum Hochgangjoch ist steil, im oberen Teil mit Seilen gesichert. Der Weg ist gut gestuft und leicht ausgesetzt, hat aber keine Kletterpassagen. Der Rest des Weges ist leicht, nach dem Sponser Joch geht es nur noch abwärts.

Freuden: Die Hochgangscharte ist der erste Höhepunkt dieser Tour, die Aussicht hat die Qualität eines Gipfelblickes, die Querung des Spronser Seengebietes ist ein hochalpiner Genuss, der Abstieg durch das Faltschnaltal nach Pfelders etwas lang, aber gemütlich.

GUTSCHEINE

Für dieses Gebiet und Umgebung siehe Seiten 178–187

GUTSCHEIN ZU DIESER TOUR

Schutzhaus Hochgang – Naturpark Texelgruppe siehe Seite 180

TIPP

Naturparkhaus Texelgruppe
Ein Quellbiotop, das jahrhundertealte Bewässerungssystem der Waale, ein Teichbiotop mit Kaulquappen und Kröten – Wasser ist ein wichtiges Thema im Naturparkhaus. Daneben gewähren Mikroskope Einblicke in die verborgenen Welten des Mikrokosmos. Großflächige Diawände zeigen die Lebensräume des Naturparks samt Flora und Fauna. Riechsäckchen, Tastboxen und eine Vogelstimmenanlage ermöglichen Naturerlebnis mit allen Sinnen.

Feldgasse 3, I-39025 Naturns
Tel. +39 0473 668201
Öffnungszeiten:
Anfang April bis Anfang November, dienstags bis samstags, Juli, August und September auch sonntags
Mehr Infos unter:
www.provinz.bz.it/naturparke

22 VIGILJOCH 1743 m

START

Ausgangspunkt
Rabland/Saring (Seilbahnstation)

Anfahrt
Mit der Vinschger Bahn oder dem Auto nach Rabland. Die Talstation der Seilbahn befindet sich neben dem Bahnhof. Aschbach kann man auch mit dem Auto über eine schmale, kurvenreiche Bergstraße erreichen.

Gehzeit
4 ½–5 Stunden

Höhenunterschied
557 m

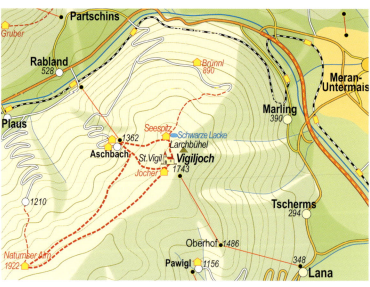

Die Rundwanderung führt auf einen Meraner Hausberg und in unberührte Natur. Die Tour geht auf das Vigiljoch, einen Höhenzug zwischen dem Vinschgau und dem Ultental, der nicht mit dem Auto befahren werden darf. Neben der Wanderung in unberührter Natur wartet das Vigiljoch noch mit einem kulturgeschichtlich interessanten Kirchlein sowie einer einmaligen Flora und Fauna auf.

Der Weg: Die Tour auf das Vigiljoch beginnt in Rabland. Mit der Seilbahn fährt man zum Bergweiler Aschbach hinauf. Hinter den letzten Häusern beginnt am Waldrand der Weg Nr. 27, der zur Naturnser Alm führt. Der Weg zieht sich in Serpentinen über Waldsteige und Forstweg anfangs recht steil aufwärts, danach geht er nur noch mäßig steil durch den „Siebenbrunner Wald" bis zur Alm. Hier nimmt man Weg Nr. 9A auf den Rauhen Bühel (2027 m). Vom Gipfel hat man eine gute Sicht auf die Dolomiten im Südosten. Zum Vigiljoch geht es am Kamm entlang auf Weg Nr. 9. Dann wandert man gemütlich weiter über die Wiesen hinunter zur Schwarzen Lacke (auch Jocher See genannt). Dort biegt man schließlich links auf den Weg Nr. 28A ab, der nach Aschbach zurückführt. Die Seilbahn bringt den Wanderer wieder nach Rabland.

Alternativen: Man kann natürlich auch von Lana aus gemütlich mit der neuen Seilbahn zur Bergstation fahren und dann weiter mit dem Sessellift nach Vigiljoch. Von dort aus geht es gemütlich zum Gasthof Jocher, das unterhalb der sagenumwobenen St.-Vigilius-Kirche liegt.

Mühen: 557 m HU, Aufstieg zur Naturnser Alm ca. 2 Stunden. Der Weg steigt zwar anfangs kräftig an, ist aber sehr gut angelegt und ausgeschildert.

Freuden: Das Vigiljoch bietet dank seiner Autofreiheit eine unberührte Berglandschaft, viele Einkehrmöglichkeiten und interessante Aussichten. Vom Kirchlein St. Vigilius hat man eine herrliche Sicht auf die Texelgruppe und in den Vinschgau. Die Rundwanderung ist das ganze Jahr über möglich.

GUTSCHEINE

Für dieses Gebiet und Umgebung siehe Seiten 178–187

GUTSCHEINE ZU DIESER TOUR

Gasthof Jocher – Lana/Vigiljoch siehe Seite 185

Seilbahn und Sessellift Vigiljoch – Lana siehe Seite 185

Bozen – Ritten – Sarntal – Unterland

23	Rittner Horn	Pemmern am Ritten	S. 62
24	Penser Weißhorn	Penser Joch	S. 64
25	Große Reisch – Stoanerne Mandln	Sarnthein – Putzenhöfe	S. 66
26	Langfenn	Jenesien	S. 68
27	Gantkofel	Nonsberg – Malga di Fondo	S. 70
28	Roen	Mendelpass	S. 72
29	Corno di Tres (Treser Horn)	Kurtatsch – Oberfennberg	S. 74
30	Naturpark Trudner Horn	Truden	S. 76
31	Rund um die Hochwand (Cucul)	Truden	S. 78
32	Weißhorn	Jochgrimm	S. 80
33	Der verzauberte Berg	Sigmundskron	S. 82

Die Stoanernen Mandln, am Horizont Jakobspitz und Kassianspitz, ganz links das Penser Weißhorn

23 RITTNER HORN — 2259 m

START

Ausgangspunkt
Pemmern am Ritten

Anfahrt
Von Bozen fährt man mit dem Auto oder mit dem Bus nach Klobenstein und weiter nach Pemmern (großer Parkplatz bei der Talstation der Rittnerhorn Seilbahn).

Gehzeit
5 Stunden

Höhenunterschied
220 m

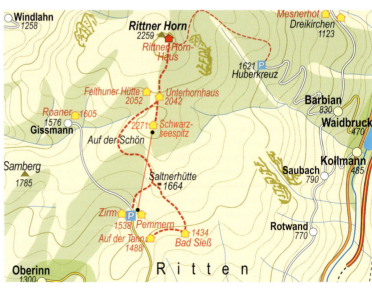

Das Rittner Horn ist ein grandioser Aussichtsberg, versperrt doch kein anderer Gipfel die Sicht. Man kann von diesem Hausberg aus bis zum Großglockner, zu den Dolomiten und den Eisriesen der Ortlergruppe blicken. Im Sommer wird das Rittner Horn als Alm für Kühe, Pferde und Schafe genutzt. Außerdem ist es ein Wanderparadies.

Der Weg: Die Wanderung beginnt in Pemmern. Auf Weg Nr. 1 A wandert man bis zur Saltner Hütte und über weite und zum großen Teil waldfreie Hänge zu flachen Almwiesen, die auch „Auf der Schön" genannt werden. Ein herrlicher Platz für eine Rast. Anschließend geht man auf einem breiten Weg zum Unterhornhaus und auf einem gepflasterten Steig zum Gipfel. Für den Rückweg nimmt man denselben Weg.

Alternativen: Wer eine kürzere Wanderung machen will, der nimmt einfach die Kabinen-Umlaufbahn, die von Pemmern auf die Schwarzseespitze führt. Von dort geht es auf Weg Nr. 1 zum Unterhornhaus und weiter wie oben beschrieben auf das Rittner Horn. Beim Abstieg vom Unterhornhaus kann man bei der Saltner Hütte auch direkt nach Bad Sieß (Gasthaus und Kirche) hinunterwandern. Von dort führt der Weg über „Auf der Tann" und die Straße zum Parkplatz bei der Seilbahntalstation in Pemmern zurück.

Mühen: 220 m HU, Aufstieg ¾ Stunde (beides vom Unterhornhaus aus berechnet). Die Bergwanderung auf dem Rittner Wanderplateau ist gemütlich und nur mäßig steil. Sie kann fast das ganze Jahr über gemacht werden.

Freuden: Das Rittner Horn ist ein wunderbarer Aussichtspunkt, der einen prächtigen Blick auf die Gipfel der Dolomiten, der Ortlergruppe, aber auch bis nach Österreich öffnet.

GUTSCHEINE

Für dieses Gebiet und Umgebung siehe Seiten 187–191

GUTSCHEIN ZU DIESER TOUR

Berghotel Zum Zirm – Klobenstein/Ritten siehe Seite 188

Rittnerhorn-Seilbahnen – Klobenstein/Ritten siehe Seite 188

24 PENSER WEISSHORN — 2705 m

START

Ausgangspunkt
Penser Joch

Anfahrt
Das Penser Joch verbindet das Sarntal mit dem Wipptal. Von Süden fährt man ab Bozen durch das Sarntal auf das Joch und von Norden ab Sterzing. Gute Parkmöglichkeiten am Joch.

Gehzeit
5 Stunden

Höhenunterschied
490 m

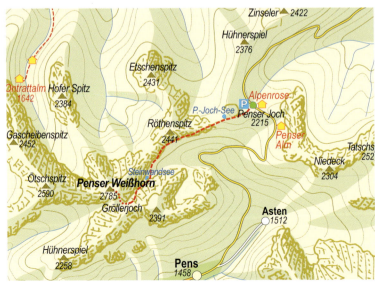

Der weithin sichtbare Gipfel wird wegen seiner pyramidenartigen Form auch Sarner Matterhorn genannt. Er ist allerdings leichter zu erklimmen. Die Besteigung ist für trittsichere Berggeher ein einmaliges Erlebnis mit einem wunderbaren 360-Grad-Panoramablick.

Der Weg: Die Wanderung beginnt auf dem Penser Joch. Hier folgt man der Markierung 12 A. Der Weg verläuft teils eben, später mäßig ansteigend, und quert die Berghänge gegen Westen. Den Gipfel hat man dabei stets vor Augen. Bis zu den Steinwandseen ist es eine gemütliche Bergwanderung. Danach führt der Weg steiler werdend zum Gröllerjoch und rechts über einen Felshang zum Gipfel, auf dem ein kleines schmiedeisernes Kreuz steht. Der Rückweg erfolgt auf derselben Route.

Mühen: HU 490 m, Aufstieg gut 2 ½ Stunden. Der Weg bis zum Gipfelaufbau quert einen ausgedehnten Hang. Der obere Teil erfordert Trittsicherheit, ist aber für Bergwanderer mit etwas Erfahrung nicht sehr schwierig. Die Felspassagen sind nur kurz und der Steig ist nur mäßig ausgesetzt. Die Tour ist schon im Frühsommer möglich, weil der Weg auf der Sonnenseite verläuft und früh schneefrei ist.

Freuden: Die Aussicht belohnt für die Mühen des Gipfelaufstiegs. Zu sehen sind der Sarntaler Bergkamm mit seiner Hufeisenform, im Osten die Dolomiten, im Norden die Stubaier Alpen und im Nordosten die Zillertaler Alpen; unglaublicher Weitblick auch Richtung Süden.

GUTSCHEINE

Für dieses Gebiet und Umgebung siehe Seiten 187–191

GUTSCHEIN ZU DIESER TOUR

Gasthof Alpenrosenhof – Penser Joch siehe Seite 187

Der grüne Talkessel von Sarnthein, mit Blick zum Penser Joch

25 GROSSE REISCH – STOANERNE MANDLN — 2001 m

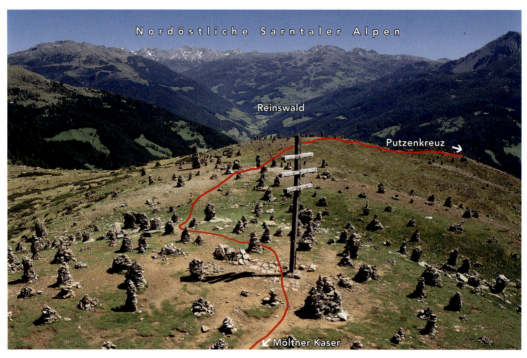

START

Ausgangspunkt
Sarnthein – Putzenhöfe

Anfahrt
Von Bozen in das Sarntal bis nach Sarnthein und auf einer schmalen Bergstraße südwestwärts zum Weiler Putzen (Parkmöglichkeiten vor dem ersten Bauernhof).

Gehzeit
3 ¾ Stunden

Höhenunterschied
450 m

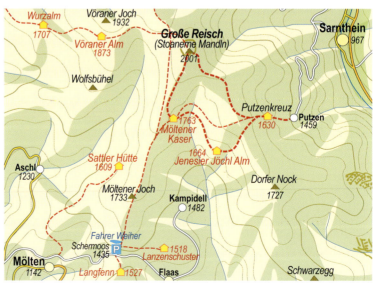

Die Stoanernen Mandln markieren den höchsten Punkt der Großen Reisch. Der Berg, auf den viele Wege führen, ist ein sagenumwobener Ort. Er soll einst den Hexen als Tanzplatz gedient haben. Die Stoanernen Mandln – aus Stein geschichtete Figuren – wurden bereits vor 500 Jahren urkundlich erwähnt. In der Nähe wurde die der Hexerei angeklagte Sarner Bäuerin Barbara Pachler auf dem Scheiterhaufen verbrannt.

Der Weg: Die Rundwanderung beginnt gleich beim ersten Hof des kleinen Weilers Putzen oberhalb von Sarnthein. Der Markierung „Putzenkreuz" folgend wandert man durch den Wald hinauf zum einsamen Wallfahrtskirchlein mit danebenliegendem Gasthaus. Nun geht man auf Weg „P" (neuerdings Nr. 23), der – weiter oben – rechts über herrliche Lärchenwiesen zu einem Bergsattel führt und dann etwas steiler hinauf zum Bergrücken mit Gipfelkreuz und unzähligen Steinfiguren aus geschichteten Steinplatten. Man überquert den gesamten Rücken und steigt auf der anderen Seite zur Möltener Kaser (Alm) ab. Dann folgt man links der Beschilderung „Jenesier Jöchl" und wandert fast eben durch Wald zum ausgeschilderten Putzenkreuz zurück.

Alternativen: Auf die Hohe Reisch führen viele Wege. Man kann auch vom Putzenkreuz über die Hausbergalm zur Möltener Kaser und weiter auf den Gipfel gehen. Diese Tour ist allerdings etwas länger. Man kann die Wanderung auch in Schermoos beginnen (von Mölten aus mit dem Auto zu erreichen, dort gute Parkmöglichkeiten) und zur Möltener Kaser und weiter zum Gipfel wandern (Gehzeit knapp 5 Stunden).

Mühen: 450 m HU, Aufstieg ca. 2 Stunden. Gemütliche Rundwanderung ohne alpine Herausforderungen und mit nur geringem Höhenunterschied. Diese Tour kann man fast das ganze Jahr über unternehmen, falls gespurt, ist sie auch bei Schnee gefahrlos zu empfehlen.

Freuden: Die zahllosen Steinfiguren – jedes Jahr kommen neue „Stoanerne Mandln" dazu – sind schon von Weitem zu erkennen. Sie sorgen für eine mystische Stimmung. Weitblick über ganz Südtirol.

GUTSCHEINE

Für dieses Gebiet und Umgebung siehe Seiten 187–191

26 LANGFENN — 1527 m

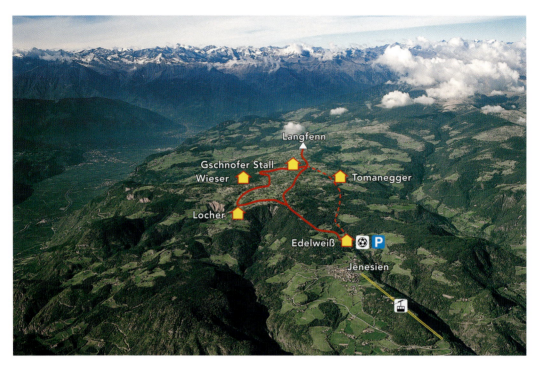

START

Ausgangspunkt
Jenesien (Sportplatz)

Anfahrt
Von Bozen kann man mit dem Auto oder der Seilbahn nach Jenesien fahren.

Gehzeit
6–6 ½ Stunden

Höhenunterschied
480 m

Die schönste Rundwanderung am Bozner Hausberg. Ein Gipfel ist Langfenn eigentlich nicht, aber die Hügelkuppe und das Hochplateau des Salten sind zu allen Jahreszeiten schön.

Der Weg: Die Wanderung beginnt beim Sportplatz in Jenesien. Auf dem Europäischen Fernwanderweg (E5), der breit und nur mäßig steil nach Norden führt, wandert man immer durch Wald und Lärchenwiesen zur Hügelkuppe Langfenn. Oben stehen ein Gasthaus und das alte Kirchlein von St. Jakob. Man könnte jetzt auch auf demselben Weg bis Jenesien zurückgehen, aber die Rundwanderung über den Gschnofer Stall ist lohnender. Ein kurzes Stück muss man auf Weg E5 zurückgehen. An der Weggabelung folgt man rechts dem Weg Nr. 7A (Markierung „Gschnofer Stall") und wandert dann weiter Richtung Jenesien. Der Steig kreuzt später Weg Nr. 7, auf dem man zurück zum Fernwanderweg und zum Sportplatz von Jenesien gelangt.

Alternativen: Eine Variante für den Rückweg von Lafenn führt zum Gasthaus Tomanegger. Anstelle rechts zum Gschnofer Stall abzubiegen, geht man weiter auf dem E5 und biegt dann links hinunter auf Weg Nr. 30 zum schön gelegenen Gasthaus an der Sonnenstraße. Wer müde ist kann zum Sportplatz mit dem Bus (Bushaltestelle direkt beim Gasthaus) zurückfahren. Zu Fuß geht es der Straße entlang zum Sportplatz.

Mühen: 480 m HU, Aufstieg 3 Stunden. Der Weg ist leicht, meist eben und breit. Allerdings ist die Wanderung recht ausgedehnt. Die Tour kann das ganze Jahr über begangen werden, auch als Schneeschuhwanderung.

Freuden: Der Salten ist ein beliebtes Wandergebiet und für seine prächtigen Lärchenwiesen bekannt. Von der Hügelkuppe Langfenn hat man eine wunderschöne Aussicht. Die vielen Wanderwege auf dem Salten ermöglichen es, die Tour zu variieren.

GUTSCHEINE

Für dieses Gebiet und Umgebung siehe Seiten 187–191

GUTSCHEIN ZU DIESER TOUR

Gasthof Tomanegger – Jenesien siehe Seite 189

27 GANTKOFEL 1865 m

START

Ausgangspunkt
Forststraße unterhalb der Malga di Fondo

Anfahrt
Von Bozen fährt man über den Mendelpass nach Fondo (Nonsberg), von Lana aus über den Gampenpass. In Fondo zweigt die Straße zum Lago Smeraldo ab, auf der man fast bis zur Malga di Fondo fahren kann (Parkmöglichkeiten).

Gehzeit
3 Stunden

Höhenunterschied
400 m

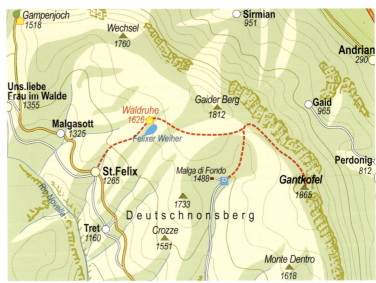

Der Felixer Weiher oder Tretsee am Deutschnonsberg

> **GUTSCHEINE**
>
> *Für dieses Gebiet und Umgebung siehe Seiten 187–191*
>
> **GUTSCHEIN ZU DIESER TOUR**
>
> *Canyon Rio Sass – Fondo siehe Seite 190*

Die markante Felswand über Andrian prägt das Panorama des Etschtales von Bozen bis Meran. Der Gantkofel ist der nördlichste Eckpfeiler des Mendelkammes und fällt steil zum Etschtal ab. Vom Nonsberg aus kann man den Aussichtsberg jedoch gemütlich erwandern.

Der Weg: In Fondo zweigt oberhalb des Ortes eine Straße zum Lago Smeraldo ab, die zur Malga di Fondo führt. Unterhalb der Alm beginnt eine gesperrte Forststraße (gute Parkmöglichkeit). Auf der Forststraße oder auf einem markierten Weg, der die Straße abkürzt, geht man gemütlich aufwärts zur Gaider Scharte und dann (Weg Nr. 512) etwas steiler hinauf zum Gipfel. Der Abstieg erfolgt auf demselben Weg.

Alternativen: Man kann auch über den Tretsee zum Gantkofel wandern. Oberhalb des Ortes Tret wandert man auf Weg Nr. 512 zunächst zum Tretsee, auch „Felixer Weiher" genannt, und dann weiter rechts durch den Wald zur Gaider Scharte hinab. Von dort geht es hinauf zum Gipfel. Für diese ausgedehnte Wanderung (HU ca. 600 m) muss man 5½ Stunden einplanen.

Mühen: 400 m HU, Aufstieg 1½ Stunden. Leichte, ungefährliche Wanderung durch den Wald, der Aufstieg zum Gipfel ist etwas steiler, aber recht kurz. Die Tour kann ganzjährig begangen werden.

Freuden: Der Gantkofel dominiert mit seiner Felswand das Etschtal, der Tiefblick auf den Bozner Talkessel ist einmalig. Weit erschließt sich das Panorama von Meran über den Salten und die Dolomiten des Rosengartens.

28 ROEN — 2116 m

START

Ausgangspunkt
Mendelpass (Sessellift „Mezzavia")

Anfahrt
Mit dem Auto oder der Mendelbahn (Talstation in St. Anton bei Kaltern) auf den Mendelpass. Kurz hinter der Passhöhe zweigt links die Straße zum Sessellift „Mezzavia" ab (großer Parkplatz).

Gehzeit
Gut 5 Stunden

Höhenunterschied
670 m

Der Aussichtsberg im Südtiroler Unterland ist der höchste Gipfel des Mendelkammes an der Grenze zwischen Südtirol und dem Trentino. Der Wanderberg fällt gegen Osten schroff ab, im Westen hingegen gleicht er – vor allem im Frühsommer – einer Blumenwiese (Blumenwiesen-Berg), auf der Akelei, Alpenwaldrebe, Enzian und viele andere Bergblumen blühen.

GUTSCHEINE

Für dieses Gebiet und Umgebung siehe Seiten 187–191

Der Weg: Die Wanderung beginnt auf dem Mendelpass, und zwar beim großen Parkplatz am Sessellift „Mezzavia". Man kann mit dem Lift bis zur Halbweghütte fahren oder in ca. 20 Minuten zu Fuß über die kurze Skipiste aufsteigen. Auf Weg Nr. 521, der bis zum Gipfel führt, wandert man gemächlich ansteigend über Almwiesen zur Roenalm (Malga Roen, 1773 m). Südlich der Hütte folgt man bei einer Weggabelung weiter dem Weg Nr. 521, der den Wanderer erst durch Latschenkieferwälder, später über steile Wiesenhänge zum Gipfel des Roen bringt. Rückweg wie Hinweg.

Alternativen: Man kann von St. Anton (bei Kaltern) aus auch mit der Standseilbahn auf den Mendelpass fahren. Auf Weg Nr. 521 wandert man über die Enzianhütte nach Halbweg und weiter wie oben beschrieben. Trittsichere und schwindelfreie Berggeher können den Roen auch über einen Klettersteig besteigen, der von der Überetscher Hütte zum Gipfel führt. Für diese Tour nimmt man bei der Roenalm den Weg Nr. 10 zur Schutzhütte. Der Klettersteig „Via ferrata Cima Roèn" ist steil, etwas ausgesetzt und mit Seilen gesichert.

Mühen: 670 m HU (vom Parkplatz des Sesselliftes), Aufstieg 2¾ Stunden (mit Sessellift ca. 20 Minuten weniger). Der Weg ist leicht und bis zur Roenalm eher flach. Danach steigt er mäßig steil an.

Freuden: Im Frühsommer führt die Wanderung durch wunderschöne Blumenwiesen. Vom Gipfel hat man einen Panoramablick über das Etschtal und den Nonsberg.

29 CORNO DI TRES (TRESER HORN) — 1812 m

START

Ausgangspunkt
Oberfennberg oberhalb von Kurtatsch

Anfahrt
Von Kurtatsch an der Weinstraße hinauf zum Fennberg (ca. 3 km hinter Fennhals Parkmöglichkeiten beim Hof „Im Loch" oder an der Straße).

Gehzeit
Ca. 4 Stunden

Höhenunterschied
640 m

Das Weindorf Kurtatsch, Blick nach Norden zum Bozner Talkessel

GUTSCHEINE

Für dieses Gebiet und Umgebung siehe Seiten 187–191

Der Corno di Tres über dem Weindorf Kurtatsch ist ein echter Geheimtipp. Das Weindorf Kurtatsch im Südtiroler Unterland schmiegt sich an die Westhänge des Etschtales, darüber erhebt sich ein unscheinbarer, aber lohnender Aussichtsberg.

Der Weg: Die Tour beginnt auf dem Fennberg, ca. 3 km hinter Fennhals. Dort steht auf der rechten Seite der Wegweiser zum Corno di Tres. Auf dem breit angelegten Weg Nr. 3 wandert man zum Bergsattel. Hier biegt man rechts auf den Rätersteig (immer Markierung Nr. 3) ein, der durch die Waldhänge zum Fenner Joch (1563 m) führt. Von hier gelangt man – der Markierung „Barbara" folgend – auf einem etwas steileren Steig auf den Gipfel. Der Rückweg erfolgt auf derselben Route.

Mühen: HU 640 m, Aufstieg 2 ¼ Stunden. Der Weg bietet keine besonderen alpinen Schwierigkeiten. Der Aufstieg zum Fenner Joch ist etwas steil, aber ungefährlich und für geübte Bergwanderer problemlos zu bewältigen.

Freuden: Der Hausberg von Kurtatsch ist fast ein Geheimtipp. Trotz geringer Höhe bietet er ein herrliches Panorama gegen Süden. Der Blick reicht über das gesamte Nonstal bis zur Brentagruppe, zum Monte Bondone und zur Paganella. Außerdem bieten sich beeindruckende Tiefblicke ins Etschtal und auf Kurtatsch. Die Tour ist fast das ganze Jahr über möglich.

30 NATURPARK TRUDNER HORN

Naturpark Trudner Horn

START

Ausgangspunkt
Truden

Anfahrt
Von der Autobahnausfahrt Auer/Neumarkt fährt man Richtung Cavalese. Bei Kaltenbrunn biegt rechts die Straße nach Truden ab. Beim Parkplatz am Dorfeingang links Abzweigung zum Hof „Rungganö", wo die Straße endet (Parkmöglichkeit).

Gehzeit
4 Stunden

Höhenunterschied
gering

Die Rundwanderung im Naturpark Trudner Horn ist keine Gipfeltour, aber eine Wanderung durch ein landschaftlich einmaliges Gebiet. Hier gibt es neben der Gebirgsvegetation auch submediterrane Flaumeichen, Hopfenbuchen, Mannaeschen und Buschwald. Auf den Lärchenwiesen wachsen Soldanelle, Krokus, Feuer- und Türkenbundlilien. Moore gibt es am Weißensee, am Schwarzsee und am Langen Moos. Im Naturparkhaus Trudner Horn in Truden wird die Artenvielfalt der Flora und Fauna erläutert.

Der Weg: Die Tour beginnt in Truden, und zwar beim Bauernhof „Rungganö". Der Markierung Nr. 5 folgend geht es – am Hof vorbei – auf einem breiten Weg zur „Peraschupf". Hier biegt man nach rechts auf den Weg Nr. 4 Richtung „Ziss-Sattel", der durch Misch- und Nadelwald bzw. über Wiesen führt. Kurz vor dem Ziss-Sattel biegt man links zur „Krabesalm" ab (Achtung, nicht beim ersten Hinweisschild „Krabesalm" abbiegen!). Der Weg zur offen gelegenen Alm, die auf 1540 m liegt und auch „Malghette" genannt wird, verläuft eben bzw. leicht abwärts. Der Blick Richtung Süden schweift über den Lagoraikamm im Trentino. Von der Alm wandert man bis zum Waldrand und dann hinunter zum Weg Nr. 5, der zur Peraschupf und weiter zum Hof „Rungganö" führt, wo sich die Rundwanderung schließt.

Mühen: Geringer Höhenunterschied, Gehzeit bis zur Krabesalm 2 ½ Stunden. Die Wanderung ist wegen des geringen Höhenunterschieds gemütlich und ohne alpine Schwierigkeiten. Die Wege sind immer gut ausgeschildert. Die Tour kann fast das ganze Jahr über begangen werden, besonders schön ist sie im Frühsommer und im Herbst.

Freuden: Die Wanderung führt durch die wunderschöne Landschaft des Naturparks und bietet wechselnde Ausblicke und eine gemütliche Einkehr.

GUTSCHEINE

Für dieses Gebiet und Umgebung siehe Seiten 187–191

TIPP

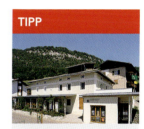

Naturparkhaus Trudner Horn
Der (Wald)Naturpark Trudner Horn präsentiert seine vielfältigen Lebensräume, Tiere und Pflanzen: mit Dioramen über die verschiedenen Waldtypen, einem lebenden Ameisenhaufen, einer Vogelstimmenanlage mit den geheimnisvoll-schaurigen Rufen der Eulen und Käuze. Untergebracht in der „Alten Mühle", ist die funktionsfähige, dreistöckige Elevatormühle, eine ganz spezielle Attraktion des Naturparkhauses.

Am Kofl 2, I-39040 Truden
Tel. +39 0471 869247
Öffnungszeiten:
Anfang April bis Anfang November, dienstags bis samstags, Juli, August und September auch sonntags
Mehr Infos unter:
www.provinz.bz.it/naturparke

31 RUND UM DIE HOCHWAND (CUCUL) — 1563 m

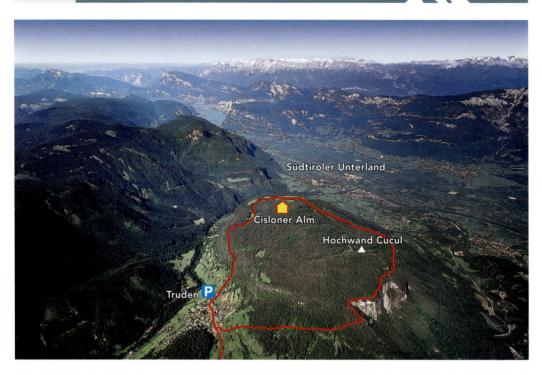

START

Ausgangspunkt
Truden

Anfahrt
Von der Autobahnausfahrt Auer/Neumarkt Richtung Cavalese. Bei Kaltenbrunn zweigt rechts die Straße nach Truden ab (gebührenfreier Parkplatz am Ortseingang).

Gehzeit
2½–3 Stunden

Höhenunterschied
250 m

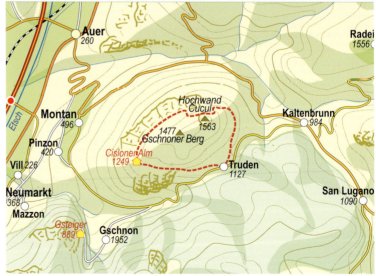

Diese Rundwanderung im Naturpark Trudner Horn führt um den Cisloner Berg herum. Trotz bescheidener Höhe wartet diese Kuppe aus Dolomitgestein mit wunderbaren Ausblicken auf. Neben dem Etschtal wandert der Blick auf die Zentralalpen, den Mendelkamm und die Brentagruppe. Diese Tour ist für die ganze Familie geeignet.

GUTSCHEINE

Für dieses Gebiet und Umgebung siehe Seiten 187–191

Der Weg: Die Wanderung beginnt in Truden, und zwar beim Parkplatz am Ortseingang. Auf dem gepflasterten Weg mit der Markierung Nr. 2 geht es anfangs durch Mischwald. An der ersten Wegkehre zweigt rechts der Waldsteig 2A ab, der immer durch den Wald zum Felsabbruch der Hochwand führt. Anschließend wandert man weiter nach links in die Nordwestseite des Berges bis zum Weg Nr. 2. Nun geht es eben oder mäßig abwärts zur herrlichen Wiesenschulter rings um die Cisloner Alm. Auf dem teilweise asphaltierten Almweg marschiert man an den bewaldeten Abhängen des Cisloner Berges entlang leicht abwärts weiter nach Truden und zum Parkplatz zurück.

Mühen: 250 m HU. Der Aufstieg durch den Wald ist leicht und angenehm schattig, die Querung der Wandflucht erfolgt auf einem breiten, durch einen Holzzaun gesicherten Weg. Diese Tour ist fast das ganze Jahr über möglich, besonders empfehlenswert ist sie aber im Frühsommer bzw. im Herbst.

Freuden: Die Waldwanderung bzw. die offen und herrlich gelegene Cisloner Alm sind die besonderen Höhepunkte der Tour. Von der Hochwand aus hat man eine grandiose Aussicht. Die Ausblicke streifen zunächst nach Norden über Aldein und Radein, dann ins Etschtal und hinüber zu Roen und Fennberg.

Schwarzsee am Trudner Horn

32 WEISSHORN — 2317 m

START

Ausgangspunkt
Jochgrimm

Anfahrt
Von Bozen durch das Eggental und über das Lavazèjoch (Passo di Lavazè) zum Jochgrimm oder von der Autobahnausfahrt Auer/Neumarkt über Cavalese nach Lavazè und Jochgrimm (großer Parkplatz).

Gehzeit
1 ¾ Stunden

Höhenunterschied
330 m

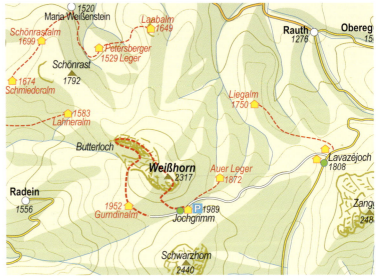

Ein Gipfel mit kurzem Aufstieg und großer Aussicht. Das Weißhorn ist einer der letzten südlichen Ausläufer der Dolomiten, der seinen Namen der Farbe des Gesteins verdankt – er besteht aus weißgrauem Kalk, dem Triasdolomit. Direkt unter dem Gipfel gähnt die Bletterbachschlucht. Ein Canyon, den der Bletterbach im Laufe der Jahrmillionen in den Fels gegraben hat und der einen Einblick in die verschiedenfarbigen Gesteinsschichten und geologischen Formationen ermöglicht.

Der Weg: Die Wanderung beginnt beim großen Parkplatz von Jochgrimm. Am Jochgrimmhaus nimmt man Weg „H", der rechts über den Wiesenhang, später durch Latschenkiefern, aufwärts führt. Über einen leichten Felssteig geht es dann zum breiten Gipfel. Der Abstieg kann auf gleichem Wege erfolgen.

Alternativen: Für trittsichere Wanderer empfiehlt sich eine Überschreitung des Gipfels nach Norden. Über einen kurzen felsigen Abstieg gelangt man auf den Gamplsteig (auch Höhenweg), der durch die offene Schlucht die ganze Westseite des Berges entlangführt. Es ist ein Erlebnis durch die unterschiedlichen Schichtungen des Berges zu wandern. Auf der anderen Seite der Schlucht geht es leicht abwärts durch einen lichten Wald hinüber zur Gurndinalm. Über die breite, verkehrsfreie Straße kehrt man – leicht ansteigend – zurück nach Jochgrimm (Gehzeit vom Gipfel 2 ½ Stunden).

Mühen: HU 330 m, Aufstieg zum Gipfel 1 Stunde. Leichte Tour, der Weg führt völlig ungefährlich über Wiesenhänge und einen kurzen Felssteig zum Gipfel. Er ist nicht ausgesetzt.

Freuden: Der Gipfel, obwohl nur 2317 m hoch, bietet ein 360-Grad-Panorama, das seinesgleichen sucht. Im Osten sieht man die bizarren Zacken des Latemar und den Rosengarten. Gegen Westen blickt man über das Etschtal bis Meran und zu den nördlich angrenzenden schneebedeckten Gipfeln der Stubaier Alpen, über die Mendelgruppe zu Brenta-, Adamello- und Ortlergruppe.

GUTSCHEINE

Für dieses Gebiet und Umgebung siehe Seiten 187–191

GUTSCHEIN ZU DIESER TOUR

Hotel Restaurant Schwarzhorn – Montan siehe Seite 191

33 DER VERZAUBERTE BERG

Schloss Sigmundskron

START

Ausgangspunkt
Bahnhof Sigmundskron

Anfahrt
Mit dem Zug von Bozen oder Meran bis zum Bahnhof Sigmundskron. Öffnungszeiten des Museums: Geöffnet vom ersten Sonntag im März bis zum letzten Sonntag im November, 10–18 Uhr (letzter Einlass 17 Uhr), Montag Ruhetag.

Gehzeit
Ca. ½ Stunde

Höhenunterschied
Ca. 100 m

Im Südwesten von Bozen erheben sich drei Hügel – sie als Hausberge zu bezeichnen, wäre übertrieben –, doch auf einem steht das **Schloss Sigmundskron**. Die Festung, einst von Sigmund dem Münzreichen gegründet, thront 200 m über dem Etschtal. Heute beherbergt die behutsam restaurierte Anlage das „Messner Mountain Museum Firmian", das von der Beziehung zwischen Mensch und Berg erzählt.

Der Weg: Natürlich kann man auch mit dem Auto auf den Burghügel fahren, so wie fast alle Museumsbesucher. Doch viel schöner ist die kurze Wanderung auf diesen „Hausberg", denn sie stimmt den Wanderer schon so richtig auf das Thema des Museums ein: Wie kommt der Mensch zum Berg? Am besten fährt man mit dem Zug bis zum Bahnhof Sigmundskron (341 m). Von dort geht man bis zur nahen Hauptstraße und über die Etschbrücke. Gleich danach biegt man links auf den Weg Nr. 1 ab (Markierung „Schloss Sigmundskron"). Zuerst gelangt man zum Überetscher Radweg, den man überquert. Dann wandert man weiter durch den Laubwald – leicht ansteigend – hinauf zum Burghügel und zum Eingang des Schlosses (339 m).

Alternativen: Man kann auch mit dem Fahrrad bis Sigmundskron fahren. Der Radweg ins Überetsch ist mit allen Radwegen verbunden und gut ausgeschildert.
Die Wanderung kann man – immer auf Weg Nr. 1 – bis nach Girlan und zu den Montiggler Seen ausdehnen.

Mühen: Die Tour ist eigentlich eher ein Spaziergang als eine Wanderung. Für den leichten Weg durch den Laubwald benötigt man ca. eine halbe Stunde.

Freuden: Die Festung bietet einen Blick auf den nahen Schlern, die Texelgruppe und die Ötztaler Alpen. Das lohnenswerte Museum erzählt, was der Berg mit dem Menschen macht. Es zeigt, wie die Berge in der Kunst dargestellt werden und versteht sich als „Begegnungsstätte mit dem Berg, mit der Menschheit und letztlich auch mit sich selbst".

GUTSCHEINE

Für dieses Gebiet und Umgebung siehe Seiten 187–191

TIPP

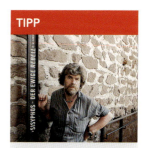

Messner Mountain Museum
„Wer hinaufsteigt, kommt als ein Anderer zurück". Mit einem zentralen Museum auf Schloss Sigmundskron und vier Ablegern in denen Einzelthemen behandelt werden, hat Messner ein Berg-Museum geschaffen das einmalig ist.

MMM Firmian
Der verzauberte Berg
Schloss Sigmundskron, Bozen

MMM Ortles
Im End der Welt
Sulden (BZ)

MMM Juval
Mythos Berg
Schloss Juval, Kastelbell (BZ)

MMM Dolomites
Museum in den Wolken
Monte Rite, Cibiana di Cadore (BL)

MMM Ripa
Bergvölker (Projekt)
Schloss Bruneck, Bruneck (BZ)

Mehr Informationen unter:
www.messner-mountain-museum.it

MMM Firmian
Sigmundskroner Straße 53
Tel. +39 0471 631264
Fax +39 0471 633884
info@messner-mountain-museum.it

Eisacktal und Wipptal

34	Telfer Weißen	Sterzing – Rosskopf	S. 86
35	Rotbachlspitz	Pfitscher Joch	S. 88
36	Jaufenspitze	Jaufenpass	S. 90
37	Wilder See	Vals – Ochsensprung	S. 92
38	Telegraph	Kreuztal	S. 94
39	Astjoch	Rodeneck – Nauders	S. 96
40	Peitlerkofel	Würzjoch	S. 98
41	Rundwanderung um den Peitlerkofel	Würzjoch	S. 100
42	Adolf-Munkel-Weg in Villnöß	St. Magdalena in Villnöß	S. 102
43	Radlsee	Latzfons – Kühhof	S. 104
44	Kassianspitze	Latzfons – Steineben	S. 106

Die Tuxer Dreitausender, Blumenwiesen und begrünte Weidehänge bis zum Eis der schroffen Gipfel

34 TELFER WEISSEN — 2588 m

START

Ausgangspunkt
Sterzing, Talstation der Rosskopf-Seilbahn

Anfahrt
Mit dem Auto bis Sterzing, dort weiter auf der Staatsstraße Richtung Norden (Brenner). Die Seilbahnstation befindet sich am Stadtrand von Sterzing (großer, kostenloser Parkplatz).

Gehzeit
Ca. 4 ½ Stunden

Höhenunterschied
688 m

Die Telfer Weiße ist der schönste Aussichtsberg des Wipptals. Dank der Seilbahn ist dieser Berg eigentlich recht leicht zu erklimmen – vorausgesetzt man ist trittsicher und verfügt über ein bisschen Erfahrung. Die weiße Spitze des Hauptgipfels ist aus Dolomitgestein und gab dem Berg seinen Namen.

Der Weg: Die Umlaufbahn bringt den Wanderer schnell von Sterzing auf den Rosskopf. Bei der Bergstation (1860 m) nimmt man den Weg Nr. 23, der zunächst eben – entlang der Waldgrenze – zur Kuhalm führt. Anschließend geht es dann rechts über Grashänge zur Ochsenscharte hinauf. Über den Südostgrat erreicht man den Vorgipfel des Telfen. Zum Hauptgipfel muss man eine Verbindungsscharte überwinden, die zwar kurz und mit Seilen gesichert ist, aber dennoch ein wenig Klettern erfordert. Abstieg wie Aufstieg.

Alternativen: Wer lieber einen anderen Gipfel besteigen will, dem sei der Rosskopf empfohlen. Von der Bergstation der Seilbahn führt der Weg Nr. 19 zu einem kleinen Almsee und über einen Gratrücken zum eigentlichen Gipfel. Die fast 300 m Höhenunterschied sind in einer Stunde leicht zu schaffen.

Mühen: 688 m HU, Aufstieg 2 ¾ Stunden. Der Weg zur Kuhalm ist breit und steigt nur mäßig an. Der Aufstieg zum Vorgipfel ist steiler, die Verbindungsscharte zum Hauptgipfel ist kurz, mit Seilen gesichert und ausgesetzt. Man sollte schon schwindelfrei und trittsicher sein. Die Tour kann vom Frühsommer bis in der Spätherbst unternommen werden.

Freuden: Vom Gipfel hat man einen vollständigen Rundblick über das Wipptal. Man sieht den Wolfendorn und weiter in das Pfitschtal mit Rotbachlspitz und Hochfeiler, im Süden sind der Sarntaler Kamm mit dem Weißhorn und der Jaufenkamm zu erkennen, im Westen die Stubaier Gletscher. Mächtig ragen im Norden die Dolomitgipfel der Tribulaungruppe auf.

GUTSCHEINE

Für dieses Gebiet und Umgebung siehe Seiten 191–195

GUTSCHEIN ZU DIESER TOUR

Freizeitberg Rosskopf – Sterzing siehe Seite 191

TIPP

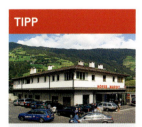

Hofer Market
Bestsortiertes Wein- und Spirituosengeschäft mit über 1000 Weinen vorwiegend aus Südtirol und Italien. Verschiedene Nudelsorten, Olivenöle und Balsamico-Essig runden das Angebot ab.

*Brennerstraße 21
I-39049 Sterzing
Tel. +39 0472 765152
www.hofermarket.it
Öffnungszeiten:
Di–Sa 8.30–13 und 15–19 Uhr*

35 ROTBACHLSPITZ 2895 m

START

Ausgangspunkt
4. Kehre auf der Pfitscher-Joch-Straße

Anfahrt
Von Sterzing fährt man mit dem Auto ins Pfitscher Tal und weiter Richtung Pfitscher Joch.

Gehzeit
Gut 3 ½ Stunden

Höhenunterschied
1080 m

Die üppige Alpenflora im Urgestein des Alpenhauptkammes

GUTSCHEINE

Für dieses Gebiet und Umgebung siehe Seiten 191–195

Die Rotbachlspitze ist ein sehr lohnender Aussichtsberg zwischen den Riesen der Hochfeiler-Gruppe. Sie steht oberhalb des Pfitscher Joches an der Staatsgrenze zu Österreich und bietet eine gewaltige Aussicht auf die umliegenden vergletscherten Gipfel.

Der Weg: Die Wanderung beginnt bei der 4. Kehre der Pfitscher-Joch-Straße. Ab der 4. Kehre ist die Straße gesperrt. Der Straße entlang auf Steig Nr. 3, der hinter der Kehre ausgeschildert ist, zum Joch wandern. Auf der weiten Passhöhe steht das gut sichtbare Pfitscherjochhaus und darüber erhebt sich die Rotbachlspitze mit ihren charakteristischen roten Felsschichtungen. Der markierte Weg (Nr. 4) umgeht den kleinen See unterhalb der Hütte und führt dann über den mit Gras bewachsenen Bergrücken aufwärts zum gut sichtbaren Gipfel. Man geht praktisch entlang der Staatsgrenze auf den immer steiler werdenden Bergkamm hinauf. Der Abstieg erfolgt auf derselben Route.

Mühen: 1080 m HU. Der Weg über die Grashänge ist einfach. Im oberen Teil wird er recht steil, aber nicht schwierig und ist nur mäßig ausgesetzt. Voraussetzung: gutes Schuhwerk. Die Gipfelbesteigung ist eine Sommertour, bei Schnee und Eis ist von der Tour abzuraten.

Freuden: Der Ausblick von diesem fast dreitausend Meter hohen Gipfel auf die umliegenden vergletscherten Berge der Hochfeiler- und Olperergruppe ist großartig. Geologisch interessant sind auch die senkrechten Schichtungen. Tiefblick ins Pfitscher Tal.

36 JAUFENSPITZE — 2480 m

START

Ausgangspunkt
Jaufenpass

Anfahrt
Den Jaufenpass erreicht man von Sterzing oder von St. Leonhard im Passeiertal (Parkmöglichkeit am Pass bzw. entlang der Straße auf Wipptaler Seite). Buslinie zwischen Sterzing und St. Leonhard.

Gehzeit
Ca. 2 ½ Stunden

Höhenunterschied
382 m

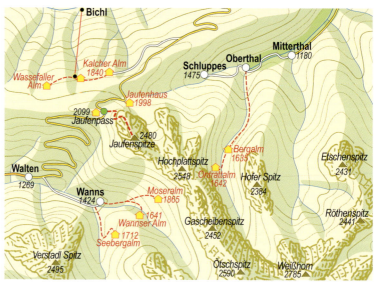

Die Jaufenspitze ist der nordöstliche Eckpfeiler der Sarntaler Berge. Der Berg bietet eine weite Rundumsicht und ist vom Jaufenpass aus auch in kurzer Zeit bestiegen.

GUTSCHEINE

Für dieses Gebiet und Umgebung siehe Seiten 191–195

Der Weg: Die Jaufenspitze erhebt sich über dem Jaufenpass, wo die Wanderung beginnt. Von der Passhöhe (Edelweißhütte) wandert man auf Weg Nr. 11 zunächst in leichten Windungen aufwärts. Weiter geht es den Grat entlang, wo im Mittelteil eine gut und durchgehend mit Seilen gesicherte Felspassage zu überwinden ist. Danach folgt man dem Weg in einer weiten Kehre, die die ganze Flanke quert, hinauf zum kurzen Gipfelgrat. Nach einer weiteren seilgesicherten Passage erreicht man das Gipfelkreuz. Abstieg auf derselben Route.

Alternativen: Vom Gipfelgrat aus kann man auch auf den rechten Gipfel steigen, der allerdings kein Kreuz hat. Diese Route empfiehlt sich für weniger schwindelfreie Wanderer.

Mühen: 382 m HU, Aufstieg 1 ¼ Stunde. Die Tour ist kurz und für Wanderer mit einiger Bergerfahrung leicht. Die mit Seilen gesicherten Felspassagen erfordern Trittsicherheit, sie sind aber nicht sehr schwierig und nur wenig ausgesetzt. Vorsicht bei Nässe.

Freuden: Der Gipfel bietet nach dem relativ leichten Aufstieg eine großartige Aussicht, vor allem auf die Bergwelt der Stubaier und Zillertaler Alpen. Im Westen geht der Blick über den Jaufenkamm und zur Texelgruppe, von der man den nördlichen Teil sieht. Über Pfelders erhebt sich – alles überragend – die Hohe Wilde.

Sterzing am Rosskopf-Südabhang, links oben die Telfer Weißen

37 WILDER SEE — 2532 m

START

Ausgangspunkt
Parkplatz am Ochsensprung – Vals

Anfahrt
Mit dem Auto von Mühlbach in das Valllertal. Am Ende der Fahrstraße befindet sich ein großer Parkplatz.

Gehzeit
5 ½–6 Stunden

Höhenunterschied
1100 m

Die Rundwanderung führt über die Brixner Hütte zum Wilden See unter der Kreuzspitze. Die Tour hat drei Höhepunkte: die Fane-Alm mit dem idyllischen Almdorf, die Brixner Hütte und der Wilde See.

GUTSCHEINE

Für dieses Gebiet und Umgebung siehe Seiten 191–195

Der Weg: Die Wanderung beginnt beim Parkplatz am Ochsensprung, denn zum Glück darf man mit dem Auto nicht bis zur Fane-Alm fahren. Der Weg bis zur Alm ist kurz. Dort angekommen, erwartet den Wanderer ein malerisches Almdorf mit schindelbedeckten Blockhütten, kleinem Kirchlein und satten grünen Wiesen. Von der Fane-Alm geht es auf Weg Nr. 18 taleinwärts durch das enger werdende Tal und eine echte Felsenschlucht (Schramme). An der Weggabelung folgt man Weg Nr. 17 geradeaus zur gut sichtbaren Brixner Hütte. Nun geht man auf dem Pfunderer Höhenweg zum Rauhtaljoch auf 2808 m. Übers Joch wandert man abwärts zum großen Gebirgssee. Der Weg umrundet den fast 600 m langen Wilden See ostseitig und führt dann im weiten Bogen zur Labisebenalm. Weiter unten mündet der Weg wieder in das Vallertal und führt zur Fane-Alm zurück. Hier schließt sich die Rundwanderung.

Alternativen: Wanderer mit besonders guter Kondition und einiger Bergerfahrung können vom Rauhtaljoch auf Weg Nr. 18 die Wilde Kreuzspitze besteigen. Der Weg ist nicht schwierig, aber es sind dafür nochmals 330 Höhenmeter zu bewältigen. Der Gipfel belohnt die Mühen des Aufstiegs mit einer herrlichen Aussicht. Eine weitere Möglichkeit ist der Aufstieg zum Wilden See über die Labisebenalm (Weg Nr. 18, Gehzeit: 2 ½ Stunden).

Mühen: Mühen: 1100 m HU, Aufstieg zur Brixner Hütte 1 ½ Stunden, zum Rauhtaljoch weitere 1 ½ Stunden. Der Aufstieg zur Brixner Hütte ist nur im letzten Teil steil, steiler ist der Aufstieg zum Rauhtaljoch. Der Abstieg zum See ist anfangs felsig, aber nicht schwierig. Danach führt der Weg gut ausgebaut und in angenehmem Gefälle zum See und weiter zur Labisebenalm. Ausgedehnte Tour ohne besondere alpine Herausforderungen und nicht ausgesetzt. Beste Jahreszeit für diese Tour: Sommer bis Mitte Oktober.

Freuden: Die Wanderung führt zum schönsten und ursprünglichsten Almdorf Südtirols, wo Anfang September das Südtiroler Milchfest stattfindet.

| 38 | TELEGRAPH | 2486 m |

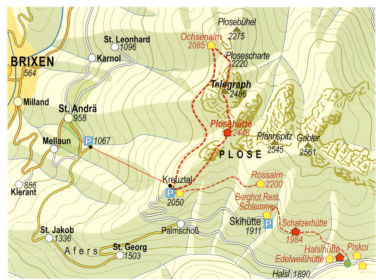

START

Ausgangspunkt
Kreuztal (Bergstation der Kabinenumlaufbahn) oberhalb von St. Andrä bei Brixen

Anfahrt
Von St. Andrä (Palmschoß) oberhalb von Brixen fährt man mit der Umlaufbahn oder mit dem Auto nach Kreuztal.

Gehzeit
4 ½ Stunden

Höhenunterschied
430 m

Verträumte Alm in den Pfunderer Bergen

GUTSCHEINE

Für dieses Gebiet und Umgebung siehe Seiten 191–195

GUTSCHEIN ZU DIESER TOUR

Berghotel-Restaurant Schlemmer – Afers/Plose siehe Seite 192

Der Brixner Hausberg lockt mit einer aussichtsreichen Gipfelrundwanderung. Schon die Rundwanderung über den Brixner Höhenweg zur Ochsenalm ist ein lohnendes Ziel, die Überschreitung des Plosegipfels „Telegraph" ist das Tüpfelchen auf einer besonderen Panoramawanderung.

Der Weg: Die Tour beginnt in Kreuztal, und zwar bei der Bergstation der Kabinenbahn. Hier folgt man dem Brixner Höhenweg (Nr. 30), der nahezu eben an der Waldgrenze entlang nach Norden zur Ochsenalm führt, von wo man eine herrliche Aussicht auf Brixen hat. Auf Weg Nr. 6 wandert man in leichter Steigung zum Bergkreuz (Leonharder Kreuz). Dann folgt eine Hangquerung und zum Schluss geht man etwas steiler auf dem Grat hinauf zum Telegraph und weiter zur Plosehütte. Abstieg auf Weg Nr. 7 zur Seilbahnstation in Kreuztal.

Mühen: 430 m HU, Aufstieg zur Plosehütte 3 ½ Stunden. Der Weg zur Ochsenalm ist ausgedehnt, aber fast eben und gut ausgebaut. Es gibt keine ausgesetzten Stellen. Nur das letzte Stück des Aufstiegs auf den Telegraph ist steil. Die Tour kann, wenn kein Schnee liegt, fast das ganze Jahr über unternommen werden.

Freuden: Die Höhenwanderung zur Ochsenalm – immer an der Waldgrenze entlang und durch Zirben – ist ein Genuss. Die Aussicht vom Telegraph ist atemberaubend. Eine spezielle Gipfelbeschriftung ermöglicht die genaue Bestimmung aller Berge in einem Radius von 360°.

| 39 | ASTJOCH | 2196 m |

START

Ausgangspunkt
Parkplatz oberhalb von Nauders (Zumis, 1720 m)

Anfahrt
Von Mühlbach fährt man nach Nauders und weiter auf guter Bergstraße nach Zumis (großer Parkplatz). Der Weg von Lüsen (Lüsen-Berg) ist etwas kürzer, führt aber über eine schmale Bergstraße.

Gehzeit
5 ½–6 Stunden

Höhenunterschied
450 m

Die herrliche Almwanderung führt auf einen gemütlichen und lohnenden Berg. Zwar ist das Astjoch nur ein bescheidener Gipfel, er bietet aber dennoch einen grandiosen Ausblick. Außerdem kann man bei der Wanderung die Rodenecker und Lüsner Alm in ihrer ganzen Schönheit erleben.

GUTSCHEINE

Für dieses Gebiet und Umgebung siehe Seiten 191–195

Der Weg: Die Wanderung beginnt beim Parkplatz oberhalb von Nauders (Zumis). Der Weg auf das Astjoch ist gut ausgeschildert und führt entweder auf dem breiten Almweg oder – links davon – auf einem Wald- und Wiesenweg zur Ronerhütte und zur Starkenfeldhütte. Nach der Hütte geht es noch ein Stück auf dem breiten Weg weiter. Bei der Weggabelung biegt man links auf Steig Nr. 67, der in mäßiger Steigung zum Gipfelkreuz des Astjoches hinaufführt. Der Rückweg erfolgt auf der gleichen Route.

Alternativen: Die Lüsner Alm und das Astjoch kann man auch von der Pustertaler Seite aus erwandern. Von Ehrenburg führt eine Bergstraße zum Weiler Ellen hinauf. Zunächst wandert man auf der Höfestraße zum Kreuznerhof. Dann geht man auf einem Waldsteig (Nr. 67) und über baumfreie Hänge zum Gipfel (Gehzeit gut 2 ½ Stunden).

Mühen: 450 m HU, Aufstieg 3 ¼ Stunden. Ausgedehnte Wanderung mit – bis auf den kurzen Aufstieg zum Astjoch – nur geringer Steigung und ohne Schwierigkeiten. Die Wanderung kann man fast das ganze Jahr über machen, im Winter auch mit Schneeschuhen.

Freuden: Die Tour gehört zu den schönsten Almwanderungen in Südtirol. Sie bietet weite Ausblicke über das Eisack- und das Pustertal. Herrlicher Panoramablick, vor allem zum Alpenhauptkamm im Norden und zum Peitlerkofel, der sich von seiner markanten Seite zeigt.

Der Peitlerkofel von Norden, rechts der Plosestock

40 PEITLERKOFEL — 2875 m

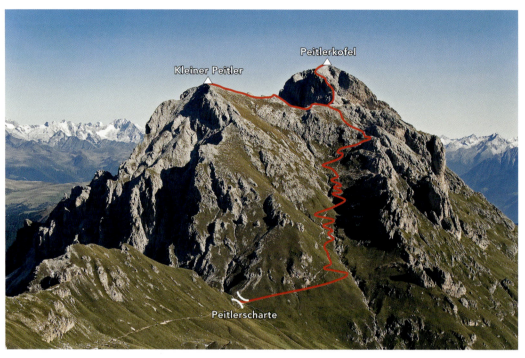

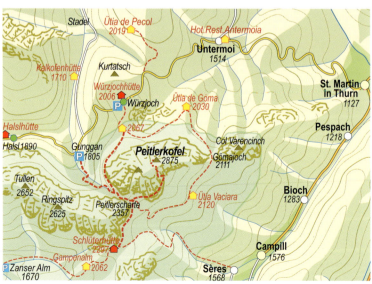

START

Ausgangspunkt
Parkplatz an der Würzjochstraße in Gunggan (1805 m), 2 km von der Halslhütte entfernt

Anfahrt
Von Villnöß/St. Peter fährt man mit dem Auto über Coll Richtung Würzjoch, von Brixen über St. Andrä, Afers zum Halsl und Gunggan.

Gehzeit
5 ½ Stunden

Höhenunterschied
1025 m

St. Magdalena in Villnöß mit der Geislergruppe

> **GUTSCHEINE**
>
> Für dieses Gebiet und Umgebung siehe Seiten 191–196
>
> **GUTSCHEIN ZU DIESER TOUR**
>
> Hotel-Restaurant Antermoia – Antermoia siehe Seite 196

Der Peitlerkofel ist einer der schönsten Dolomitengipfel in Südtirol. Der frei stehende Berg ist schon von Weitem gut zu erkennen. Von seinem Gipfel hat man einen unvergleichlichen 360-Grad-Panoramablick.

Der Weg: Ausgangspunkt der Gipfelbesteigung ist der Parkplatz in Gunggan an der Straße auf das Würzjoch. Von hier geht es auf Weg Nr. 4 (Markierung: „Peitlerscharte") südostwärts durch Latschenkieferbestände hinauf zur Peitlerscharte. Ein gut ausgebauter Serpentinenweg führt über den Südhang weiter zum Gipfelaufbau aus Dolomitgestein. Das letzte Stück auf den Gipfel ist mit Seilen gesichert. Abstieg wie Aufstieg.

Alternativen: Man kann auch vom Würzjoch zur Peitlerscharte wandern oder über die Schlüterhütte im Villnößtal aufsteigen. Beide Routen sind, wenngleich landschaftlich empfehlenswert, wesentlich länger.

Mühen: 1025 m HU, Aufstieg 3 ¼ Stunden. Der Weg ist zwar steil, aber gut ausgebaut. Für den letzten Teil des Gipfelaufstieges sollte man schwindelfrei und trittsicher sein, denn die Passage ist mit Seilen gesichert und teilweise ausgesetzt. Dieser Gipfel kann vom Sommer bis Frühherbst bestiegen werden.

Freuden: Der Peitlerkofel bietet ein großartiges Gipfelerlebnis. Das 360-Grad-Panorama ist berauschend: Im Norden sieht man den Alpenhauptkamm, im Süden die Dolomiten; unglaublicher Blick zu den Geislerspitzen und in die Tiefe.

41 RUNDWANDERUNG UM DEN PEITLERKOFEL

START

Ausgangspunkt
Würzjoch

Anfahrt
Von Villnöß fährt man mit dem Auto über St. Peter und Coll zum Würzjoch, von Brixen über St. Andrä. Vom Gadertal aus biegt man bei Piccolein ab und fährt über St. Martin in Thurn zum Würzjoch.

Gehzeit
5–5 ½ Stunden

Höhenunterschied
550 m

Den Peitlerkofel muss man nicht besteigen, man kann ihn – vom Würzjoch aus – auch umrunden. Die Rundwanderung ist ein Genuss. Es bieten sich ständig wechselnde Ausblicke und die Flora sucht ihresgleichen.

GUTSCHEINE

Für dieses Gebiet und Umgebung siehe Seiten 191–196

Der Weg: Vom Würzjoch (2006 m) geht man auf Weg Nr. 8A mäßig ansteigend zu einer herrlichen Bergwiese – der Felsenpyramide des Peitlerkofels immer entgegen. An der Weggabelung nimmt man Weg Nr. 8B und biegt nach links ab. Zuerst wandert man durch lichten Wald Richtung Osten und zum Gömajoch (2111 m) hinauf. Dann quert der Weg Nr. 35 im leichten Abstieg die ganze Südseite des Peitlerkofels und führt über weite Almwiesen aufwärts zur Peitlerscharte (2357 m), dem höchsten Punkt der Wanderung. Kurzer Abstieg auf einem Schottersteig. Weiter geht es rechts auf Weg Nr. 8B und – Felsschrofen und Wiesen querend – zurück zum Ausgangspunkt.

Alternativen: Man kann die Wanderung natürlich auch in umgekehrter Richtung machen.

Mühen: Ca. 550 m HU. Die Wanderung ist nicht schwierig. Nach der Peitlerscharte ist im Anstieg ein kurzer Felshang zu queren, der mit Seilen gesichert ist. Der Steig ist aber breit und die Stelle nicht besonders ausgesetzt. Trittsicherheit ist Voraussetzung. Die Tour kann vom Sommer bis zum Herbst gemacht werden.

Freuden: Die Rundtour bietet sehr abwechslungsreiche Ausblicke auf die Nordwand des Peitlerkofels, ins Gadertal und ins Campilltal sowie zu den Geislerspitzen. Besonders schön ist die Wanderung im Juni und Juli, wenn sich die Wiesen in ein Blumenmeer verwandeln. Türkenbund und Feuerlilie sind keine Seltenheit.

Die Geislergruppe: von links Furchetta, Sass Rigais und Fermedatürme

42 ADOLF-MUNKEL-WEG IN VILLNÖSS

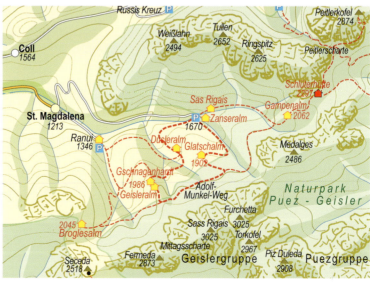

START

Ausgangspunkt
Zanser Alm bei St. Magdalena in Villnöß

Anfahrt
Von Klausen fährt man mit dem Auto bis nach St. Magdalena im Villnößtal und bis zum Parkplatz des Naturparks in Zans.

Gehzeit
3½–4 Stunden

Höhenunterschied
350 m

Das Kirchlein von St. Magdalena mit den Geislern in der Abendsonne

GUTSCHEINE

Für dieses Gebiet und Umgebung siehe Seiten 191–195

Dieser Höhenweg ist wohl der schönste in den Dolomiten. Er führt unter den spektakulären Nordwänden der Geislergruppe entlang zu schönen Almen. Bei dieser Wanderung kann man die einmalige Landschaft im Naturpark Puez-Geisler genießen.

Der Weg: Ausgangspunkt dieser zum Großteil leichten Wanderung ist die Zanser Alm, wo unzählige Wanderwege beginnen. Auf dem breiten Weg Nr. 33 wandert man zur Glatschalm. Dabei geht es zunächst durch den Wald, dann über offenes Wiesengelände. Bei der Glatschalm folgt man links dem Schild „Munkelweg" und geht auf dem herrlichen Höhenweg bis zur Abzweigung zur Geisleralm. Dort nimmt man Weg Nr. 36 zur Dusleralm und weiter – immer durch den Wald – zum Parkplatz bei der Zanser Alm. Das letzte Wegstück führt auf einer breiten Straße etwas aufwärts zum Ausgangspunkt zurück.

Alternativen: Man kann auch von der Zanser Alm zum Adolf-Munkel-Weg gehen und auf diesem bis zur Broglesalm. Zurück geht man über die Gschnagenhardtalm zur Geisleralm und weiter zur Zanser Alm.

Mühen: 350 m HU, Aufstieg bis zur Geisleralm 2 ¼ Stunden. Der gut ausgeschilderte Weg ist leicht und ausgebaut. Die Tour kann vom Frühsommer bis in den Spätherbst unternommen werden.

Freuden: Die Rundwanderung auf dem Adolf-Munkel-Weg führt zu schön gelegenen Almen. Unvergleichlicher Blick von der Geisleralm zu den Geislerspitzen. Einmalige Sicht auf Wasserkofel, Furchetta, Sass Rigais, Fermeda und Seceda.

TIPP

Naturparkhaus Puez-Geisler
Die Welt der Steine im Mittelpunkt und so viel „echte" Natur wie möglich, eine Ausstellung zum Berühren, Riechen und Hören. Ein begehbares Luftbild als Highlight, Bergreliefs und ein Landschaftssuchspiel, Stereoskope für einen optimalen Blick auf den Naturpark – die Entstehungsgeschichte der Dolomiten und die Welt der „Bleichen Berge" werden hier besonders eindrucksvoll vermittelt.

I-39040 Villnöß, St. Magdalena
Eröffnung: voraus. Ende 2009
Mehr Infos unter:
www.provinz.bz.it/naturparke

43 RADLSEE — 2284 m

START

Ausgangspunkt
Latzfons (Kühhof) bei Klausen

Anfahrt
Von Klausen nach Latzfons und über die Höfestraße bis zum Kühhof (großer Parkplatz).

Gehzeit
Ca. 6 ½ Stunden

Höhenunterschied
700 m

Wanderung zu einem Bergsee, um den sich zahllose Sagen ranken. Die ausgedehnte Wanderung quert die schönsten Almhänge an der Westseite des Eisacktals. Die nahen Dolomiten hat man auf dem gesamten Weg immer im Blick.

Der Weg: Die Wanderung beginnt beim Kühhof in Latzfons. Auf der Straße, die gleich dahinter für den Verkehr gesperrt ist, geht man ungefähr 300 m, bis rechts der Weg mit der Markierung Nr. 14 abzweigt. Am Anfang wandert man durch lichten Wald und später etwas steiler über Almwiesen zur Brugger Schupfe. Der Wanderweg führt, immer der Beschilderung „Radlsee" folgend, in angenehmer Steigung weiter. Er quert erst den südlichen Hang des Latzfonser Berges, dann kommt man zum Radlsee (etwas oberhalb steht die Schützhütte gleichen Namens). Zurück wandert man auf demselben Weg bis zur Abzweigung „Klausner Hütte". Anschließend bringt Weg Nr. 8 den Wanderer über die weite Kühbergalm hinüber zur Klausner Hütte. Ab dort führt der breite Weg zurück zum Parkplatz.

Alternativen: Der Radlsee liegt direkt unter der Königsangerspitze, der Weg auf diesen Gipfel ist leicht und in einer ¾ Stunde zu schaffen (150 m HU). Man kann den Berg überschreiten und auf Weg Nr. 7 zur Lorenzischarte wandern. Dort trifft man auf Weg Nr. 8A, dann 8, der zur Klausner Hütte hinunterführt.

Mühen: 700 m HU, Aufstieg 2 ¾ Stunden. Der Weg ist leicht und angenehm ausgebaut. Die Tour ist allerdings recht lang, weil der Rückweg über die Klausner Hütte die weite Almlandschaft des Latzfonser Berges und die Kühbergalm quert. Die Wanderung kann fast das ganze Jahr über gemacht werden.

Freuden: Die weiten Almhänge, der schöne Zirbenwald und der prächtig gelegene Bergsee nebst Schutzhütte lohnen die Mühen der ausgedehnten Wanderung. Der Blick zu den nahen Dolomiten ist das Besondere auf dieser Tour. Man sieht die Plose im Osten, im Süden Peitlerkofel, Geislerspitzen, Sellastock und die Langkofelgruppe bis zum Schlern.

GUTSCHEINE

Für dieses Gebiet und Umgebung siehe Seiten 191–195

GUTSCHEIN ZU DIESER TOUR

Klausner Hütte – Latzfons/Klausen siehe Seite 195

44 KASSIANSPITZE — 2581 m

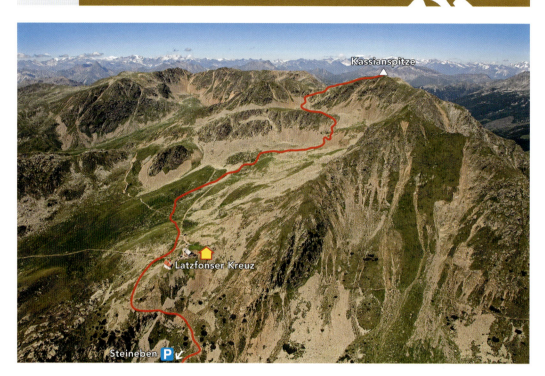

START

Ausgangspunkt
Steineben (1544 m, Rodeltreff) oberhalb von Latzfons

Anfahrt
Von Klausen fährt man nach Latzfons, oberhalb des Dorfes biegt man links nach Steineben ab (großer Parkplatz).

Gehzeit
6 ½ Stunden

Höhenunterschied
800 m

Die Kassianspitze ermöglicht einen Rundblick, der seinesgleichen sucht. Die Bergtour führt über traumhafte Almhänge und durch schöne Lärchen- und Föhrenwälder. Sie ist nicht schwierig, Trittsicherheit ist aber dennoch Voraussetzung.

Der Weg: Die Tour beginnt am Parkplatz von Steineben (Rodeltreff) oberhalb von Latzfons. Der Beschilderung „Klausner Hütte" folgend geht es zunächst auf dem Rodelweg, dann auf einem Waldsteig hinauf zur Schutzhütte. Von der Klausner Hütte (1923 m) führt der Weg zum Latzfonser Kreuz, wo eine Wallfahrtskirche und ein Gasthaus stehen. Man wandert nun weiter westwärts und biegt rechts auf Weg Nr. 17 ein. Vorbei an einem schönen, aber fast versteckten Bergsee kommt man zum Bergsattel. Dort geht man rechts hinauf zur Kassianspitze. Der Rückweg erfolgt auf derselben Route.

Alternativen: Man kann die Wanderung auch beim Kühhof in Latzfons beginnen. Der Weg führt – in angenehmer Steigung – vom Parkplatz nach Nordwesten durch ein Waldstück, anschließend über freie Almflächen und durch lichten Lärchen- und Föhrenwald zur Klausner Hütte. Weiter wie oben beschrieben.

Mühen: 800 m HU, Aufstieg zum Latzfonser Kreuz 2 ½ Stunden, zum Gipfel 3 ½ Stunden. Die Wanderung ist ohne besondere Schwierigkeiten. Die Wege sind gut ausgebaut und ausgeschildert. Kurz vor der Klausner Hütte wird es etwas steiler, dann geht es aber wieder auf breitem Weg zum Wallfahrtskirchlein. Der Zustieg zum Gipfel ist nicht ausgesetzt. Die Tour kann vom Mai bis in den Spätherbst unternommen werden.

Freuden: Schöne Bergwanderung mit einem besonders aussichtsreichen Gipfel. Neben dem Gipfelkreuz lädt eine Bank zum Verweilen ein: Der richtige Platz, um das 360-Grad-Panorama zu genießen.

GUTSCHEINE

Für dieses Gebiet und Umgebung siehe Seiten 191–195

GUTSCHEIN ZU DIESER TOUR

Klausner Hütte – Latzfons/Klausen siehe Seite 195

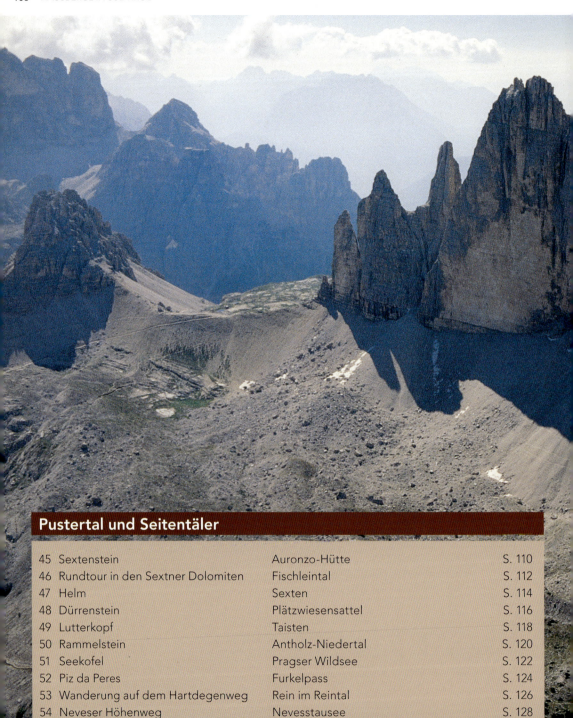

Pustertal und Seitentäler

45	Sextenstein	Auronzo-Hütte	S. 110
46	Rundtour in den Sextner Dolomiten	Fischleintal	S. 112
47	Helm	Sexten	S. 114
48	Dürrenstein	Plätzwiesensattel	S. 116
49	Lutterkopf	Taisten	S. 118
50	Rammelstein	Antholz-Niedertal	S. 120
51	Seekofel	Pragser Wildsee	S. 122
52	Piz da Peres	Furkelpass	S. 124
53	Wanderung auf dem Hartdegenweg	Rein im Reintal	S. 126
54	Neveser Höhenweg	Nevesstausee	S. 128

Die Drei Zinnen von Norden, das berühmteste weltbekannte Dolomitenmotiv

45 SEXTENSTEIN — 2539 m

START

Ausgangspunkt
Auronzohütte (Parkplatz am Ende der Mautstraße)

Anfahrt
Von Toblach fährt man in das Höhlensteintal. In Schluderbach links Abzweigung Richtung Misurina, weiter auf der Mautstraße zum großen Parkplatz bei der Auronzohütte (im oberen Teil Mautstraße).

Gehzeit
5 ½ Stunden

Höhenunterschied
300 m

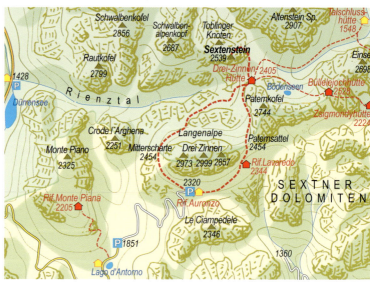

Rundwanderung um die Drei Zinnen mit einem kurzen Abstecher zur Aussichtskanzel des Sextensteins. Diese ausgedehnte Tour erschließt dem Wanderer die ganze Schönheit der monumentalsten Berge der Dolomiten – die Drei Zinnen in den Sextner Dolomiten.

GUTSCHEINE
Für dieses Gebiet und Umgebung siehe Seiten 196–199

Der Weg: Die Tour um die Drei Zinnen beginnt bei der Auronzohütte auf 2320 m (Parkplatz). Vom Parkplatz nimmt man den Weg Nr. 101, der auf der Südseite um die Drei Zinnen führt. Man wandert erst zum Paternsattel und weiter zur Drei-Zinnen-Hütte (2405 m). Gleich hinter der großen Schutzhütte ragt eine bescheidene Bergkuppe auf, der Sextenstein. Man folgt dem Steig Nr. 102, der den Berg rechts angeht und dann links hinauf auf den kleinen Gipfel. Auf demselben Weg geht es zur Hütte zurück. Hier wandert man auf Weg Nr. 105 („Alta via delle Dolomiti" – Dolomiten-Höhenweg 4) abwärts. Im leichten Aufstieg geht es dann über die weite Hochfläche der Langenalm unter den Zinnen-Nordwänden. Der Weg umrundet die Drei Zinnen westwärts und führt über die Mitterscharte zurück zur Auronzohütte.

Alternativen: Man kann diese Tour auch in umgekehrter Richtung gehen.

Mühen: 300 m HU, Aufstieg 2 ½ Stunden. Die Rundwanderung ist sehr ausgedehnt und verläuft in einigem Auf und Ab. Der Weg ist nicht schwierig, auch wenn er teilweise im felsigen Gelände verläuft.

Freuden: An schönen Sommertagen ist man an der Drei-Zinnen-Hütte nicht allein, deshalb sollte man den Sextenstein erklimmen, um von dort die weite Rundsicht in Ruhe genießen zu können. Von Norden beginnend sieht man die stattlichen Gipfel von Schusterspitze, Elfer- und Zwölferkofel, Paternkofel, Drei Zinnen – der eigentliche Blickfang – und Monte Cristallo.

46 RUNDTOUR IN DEN SEXTNER DOLOMITEN

START

Ausgangspunkt
Fischleintal bei Sexten

Anfahrt
Von Innichen fährt man ins Sextner Tal. Bei Moos geht die Straße rechts ab ins Fischleintal (großer gebührenpflichtiger Parkplatz).

Gehzeit
7 ½–8 Stunden

Höhenunterschied
1100 m

Die Rundwanderung über die Zsigmondyhütte zur Drei-Zinnen-Hütte gehört zu den klassischen Hochtouren in den Dolomiten. Steil und abweisend stehen die Felswände in der Landschaft und dennoch führt diese Tour problemlos in luftige Höhen.

GUTSCHEINE
Für dieses Gebiet und Umgebung siehe Seiten 196–199

Der Weg: Vom Parkplatz im Fischleintal wandert man auf Weg Nr. 103 eben zur Talschlusshütte. Auf mäßig steilem und gut ausgebautem Weg geht es weiter aufwärts zur Zsigmondyhütte (Rif. Comici, 2224 m). In den Sextner Dolomiten verlief während des Ersten Weltkriegs die Dolomitenfront, deshalb trifft man überall noch auf Reste aus dieser Zeit. Auf alten Kriegspfaden (Nr. 101) wandert man über das Oberbachernjoch und von dort zur Büllelejochhütte und zum Büllelejoch. Auf einem Geröllsteig geht man leicht abwärts und gelangt – den weiten Schutthang querend – zu den Bödenseen. Von dort steigt man kurz hinauf zur Drei-Zinnen-Hütte (2405 m). Für den Abstieg durch das Altensteintal geht es zunächst zurück zu den Seen. Auf Weg Nr. 102 wandert man dann hinunter zur Talschlusshütte und zurück zum Parkplatz.

Mühen: 1100 m HU, Aufstieg zur Drei-Zinnen-Hütte 4 ¾ Stunden. Diese Tour ist lang und erfordert eine gute Kondition und Trittsicherheit. Sie stellt den Wanderer aber vor keine besonderen alpinen Schwierigkeiten. Die gut beschilderten und instand gehaltenen Wege sind nicht ausgesetzt. Die Rundtour führt teilweise über Felssteige, die gutes Schuhwerk erfordern (Achtung bei Nässe! Rutschgefahr). Der Abstieg durch das Altensteintal ist zum Ende hin etwas eintönig. Beste Jahreszeit: Sommer bis Frühherbst.

Freuden: Die sehr beeindruckende Rundwanderung durch die Sextner Dolomiten bietet abwechslungsreiche Ausblicke auf alle großen Gipfel. Der Wegabschnitt bis zur Drei-Zinnen-Hütte ist besonders lohnend. Auf der anderen Seite laden die Bödenseen zum Verweilen ein.

47 HELM — 2434 m

START

Ausgangspunkt
Sexten

Anfahrt
Von Innichen nach Sexten, die Seilbahnstation befindet sich in St. Veit (großer Parkplatz).

Gehzeit
4 ½–5 Stunden

Höhenunterschied
334 m im Aufstieg,
1100 m im Abstieg

Eine sehr leichte Gipfeltour im Karnischen Kamm. Vom Helm genießt man die schönste Sicht auf die Gipfelkette der Sextner Dolomiten. Die Helmbahnen bringen den Wanderer dem Ziel ein Stückchen näher.

> **GUTSCHEINE**
>
> *Für dieses Gebiet und Umgebung siehe Seiten 196–199*

Der Weg: Ausgangspunkt der Bergwanderung ist der Westrand des Karnischen Kammes. Zu den sogenannten Kegelplätzen führen zwei Seilbahnen, eine von Vierschach und eine von Sexten aus. Für die hier beschriebene Tour fährt man von Sexten mit der Gondelbahn auf 2000 m Höhe. Bei der Bergstation beginnt der Karnische Höhenweg. Auf Weg Nr. 50 folgt man dem Hinweisschild „Hahnspielhütte" und geht zunächst fast eben auf dem Hüttenweg und durch das weite Tal zum Kammrücken, der zum Gipfel des Helm führt. Der steile Aufstieg (links) ist mit der Markierung Nr. 4A versehen. Für den Abstieg wandert man auf dem Gipfelweg Nr. 4A über den ganzen Bergrücken hinunter zum Lärchenboden und weiter zum Negerdörfl. Dort trifft man auf Weg Nr. 13, der zur Festung Mitterberg und anschließend direkt nach Sexten führt.

Alternativen: Man kann die Tour auch in umgekehrter Richtung gehen. Allerdings sollte man dafür sportliche Anstiege lieben.

Mühen: HU im Aufstieg 334 m, im Abstieg 1100 m, Aufstieg 1 ½ Stunden. Der Weg zum Gipfel verläuft zunächst fast eben, nur der Aufstieg über den Kammrücken ist etwas steil. Der Abstieg ins Tal ist ebenfalls nur im oberen Teil steil, danach wird er immer sanfter. Beste Jahreszeiten für diese Tour sind der Sommer (sehr schön zur Blüte der Alpenflora) und der Herbst.

Freuden: Die Aussicht auf die Breitseite der Sextner Sonnenuhr ist bereits von der Bergstation der Seilbahn aus beeindruckend. Am Helm steht man auf der Staatsgrenze zu Österreich und hat einen herrlichen Blick über das gesamte Pustertal. Außerdem Sicht auf Rotwand, Elfer- und Zwölferkofel, Einser, Paternkofel, Drei Zinnen, Dreischusterspitz und Gsellknoten.

48 DÜRRENSTEIN — 2839 m

START

Ausgangspunkt
Plätzwiesensattel im Altpragsertal

Anfahrt
Von Prags fährt man links ab ins Altpragsertal. Ab Brückele ist die Straße nur eingeschränkt mit dem Auto befahrbar (Busshuttledienst ab Parkplatz).

Gehzeit
4 ¾ Stunden

Höhenunterschied
848 m

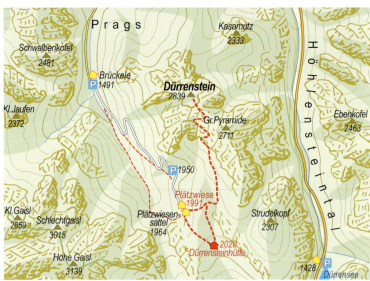

Die Dürrensteinhütte am Plätzwiesensattel mit der Festungs-Ruine

Der Dürrenstein bietet ein Gipfelerlebnis, das das Herz erfreut. Das schroffe Bergmassiv ist von der Südseite relativ leicht zu erwandern. Die Mühen des Aufstiegs belohnt ein fantastisches Panorama.

Der Weg: Die Tour auf den Dürrenstein, einen „leichten" Dolomitengipfel, startet bei der prächtigen Hochalm-Plätzwiese im Pragser Tal. Die Plätzwiese ist im Frühsommer zur Blütezeit der Alpenflora besonders schön. Zum Glück ist sie nicht uneingeschränkt mit dem Auto erreichbar, vom unteren Parkplatz (Brückele) wird aber ein Shuttledienst angeboten. Bei den Gasthäusern beginnt der Weg Nr. 40, der – mäßig ansteigend – über die Grashänge nach Osten führt. Im oberen Teil zieht sich der Steig in Serpentinen steil durch felsiges Gelände (Schrofen) zum Vorgipfel. Nach einem kurzen Abstieg über eine Scharte erreicht man den Hauptgipfel. Abstieg wie Aufstieg.

Alternativen: Man kann auf dem Rückweg auch dem überkreuzenden Höhenweg nach Süden folgen, zur Dürrensteinhütte absteigen und über die Straße zurück zum Ausgangspunkt gelangen.

Mühen: 848 m HU, Aufstieg 2¾ Stunden. Der Weg ist nicht schwierig, die weiten Serpentinen sind aber etwas eintönig. Für den kurzen Zustieg vom Vorgipfel zum Hauptgipfel sollte man unbedingt schwindelfrei sein. Ideale Jahreszeit für diese Tour: Sommer bis Herbst.

Freuden: Das Panorama ist einfach großartig! Das ganze Pustertal liegt einem zu Füßen. Neben den Dolomitengipfeln Haunold, Drei Zinnen und Hohe Gaisl kann man auch den Alpenhauptkamm im Norden und sogar bis zum Großglockner sehen.

GUTSCHEINE

Für dieses Gebiet und Umgebung siehe Seiten 196–199

TIPP

Naturparkhaus Toblach
Die Dolomiten und der Mensch: „Sommerfrische" für Touristen, Eldorado des modernen Alpinismus und außergewöhnlich harter Kriegsschauplatz während des 1. Weltkriegs. Daneben bietet das Haus Informationen über den geologischen Aufbau des Gebietes, seine Lebensräume sowie Flora und Fauna. Eine große Erlebniswerkstatt für Kinder sowie die nahe gelegene WaldWunder-Welt runden das Angebot ab.

*Kulturzentrum Grand Hotel Toblach, Dolomitenstraße 1
I-39034 Toblach
Tel. +39 0474 973017
Öffnungszeiten:
Anfang Mai bis Ende Oktober, Ende Dezember bis Ende März, dienstags bis samstags, Juli und August auch sonntags
Mehr Infos unter:
www.provinz.bz.it/naturparke*

49 LUTTERKOPF — 2145 m

START

Ausgangspunkt
Taisten (Parkplatz oberhalb des Mudlerhofes)

Anfahrt
Von Welsberg fährt man nach Taisten. Vor der Kirche links Abzweigung durch den Wald zum Mudlerhof (Gasthaus).

Gehzeit
3 ½ Stunden

Höhenunterschied
560 m

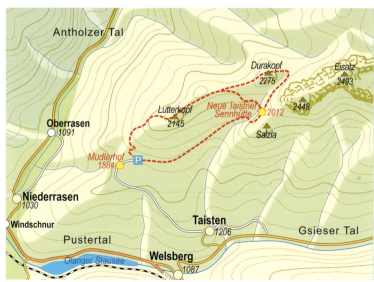

Ein gemütlicher Wanderberg mit erstaunlicher Aussicht auf das Pustertal und die Dolomiten. Der Berg ist der erste Gipfel eines langen Kammes, der das Antholzer Tal flankiert. Wanderer mit guter Kondition können die Tour auch verlängern.

> **GUTSCHEINE**
> *Für dieses Gebiet und Umgebung siehe Seiten 196–199*

Der Weg: Von Taisten fährt man mit dem Auto zum Mudlerhof (Parkplatz oberhalb des Hofes), wo die Wanderung beginnt. Hier folgt man links dem Wirtschaftsweg Nr. 31 (oder dem Steig – mit derselben Markierung –, der die Kurven abkürzt) in den steiler werdenden Wald und zu den baumfreien Höhen des Bergkammes. Die breite Bergkuppe trägt ein Gipfelkreuz und die nächsten Gipfel des Kammes sind bereits sichtbar. Für den Abstieg geht man im leichten Auf und Ab nordostwärts zur Almwirtschaft Neue Taistner Sennhütte hinunter. Auf dem Almweg wandert man im leichten Gefälle zum Parkplatz zurück.

Alternativen: Man kann die Wanderung auch über den Durakopf erweitern. Vom Lutterkopf folgt man dem gut sichtbaren Weg über den flachen Kamm weiter hinauf zur nächsten Anhöhe und kann von dort ebenfalls zur Taistner Alm absteigen. Der Durakopf ist nur 130 m höher als der Lutterkopf, die Gehzeit verlängert sich um 45 Minuten.

Mühen: 560 m HU, Aufstieg 1 ¾ Stunden. Der gut ausgeschilderte Weg ist nur an einigen Stellen etwas steil, ansonsten leichte und überaus gemütliche Wanderung.

Freuden: Der Weg durch den Wald ist schattig, auf dem Gipfel erwartet den Wanderer ein Rundblick über das ganze Pustertal. Im Süden ist die ganze Breitseite der Pustertaler Dolomiten zu sehen: Sextner, Haunold, Dürrenstein, Cristallo, Hohe Gaisl und Seekofel. Im Norden erblickt man die Rieserfernergruppe und im Westen gegenüber die Grentealm und Rammelstein.

50 RAMMELSTEIN — 2483 m

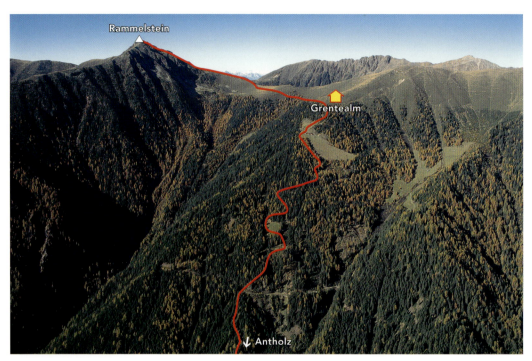

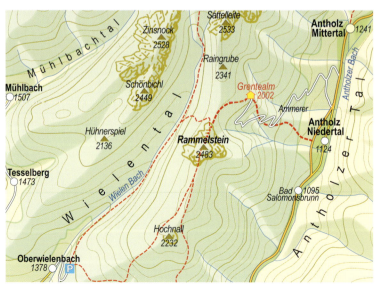

START

Ausgangspunkt
Antholz-Niedertal

Anfahrt
Von Bruneck fährt man ins Antholzer Tal, am Ende der Umfahrungsstraße von Antholz-Niedertal (ca. 1 km nach dem Ort) biegt man links auf die Höfestraße, die zu den Ammerer Höfen führt (Parkmöglichkeit am Ende der Straße).

Gehzeit
6½–7 Stunden

Höhenunterschied
1250 m

Der Aussichtsberg ist ein lohnendes Ausflugsziel. Der Rammelstein steht wie ein Eckpfeiler am Eingang des Antholzer Tales und bietet einen weiten Rundblick. Seine Besteigung ist anstrengend und erfordert eine gute Kondition.

> **GUTSCHEINE**
>
> *Für dieses Gebiet und Umgebung siehe Seiten 196–199*

Der Weg: Die Wanderung beginnt in Antholz, und zwar auf dem Parkplatz am Ende der Höfestraße. Von hier führt der Weg Nr. 6A relativ steil durch den Wald zur Grentealm. Von der Grentealm wandert man auf Steig Nr. 6 über die Weideböden hinauf zum Bergkamm, dem man Richtung Süden zum felsigen Gipfelgrat folgt. Der Steig über den Nordgrat ist teilweise mit Seilen gesichert. Für den Abstieg wählt man denselben Weg.

Alternativen: Zur Grentealm kommt man auch auf der weniger steilen, aber dafür längeren Almstraße, die den Weg Nr. 6A immer wieder kreuzt.

Mühen: 770 m HU bis zur Grentealm, weitere 480 m bis zum Gipfel, Aufstieg 3½–4 Stunden. Der Höhenunterschied sollte nicht unterschätzt werden. Auch wenn der Aufstieg insgesamt nicht schwierig ist, dauert er doch lange und verlangt eine gute Kondition. Der Gipfelgrat ist felsig und mit Seilen gesichert, aber nur mäßig ausgesetzt. Die Tour kann vom Frühsommer bis in den Herbst unternommen werden.

Freuden: Dieser Berg bietet ein großartiges Panorama, obwohl er nicht besonders hoch ist. Von Osten bis Westen überblickt man das ganze Pustertal, im Süden sind die Dolomiten zu sehen – von den Sextner Dolomiten, Haunold, Seekofel und Pragser Dolomiten bis hinüber zum Peitlerkofel. Im Norden Sicht auf das Antholzer Tal mit Magerstein, Hochgall und Wildgall.

51 SEEKOFEL — 2810 m

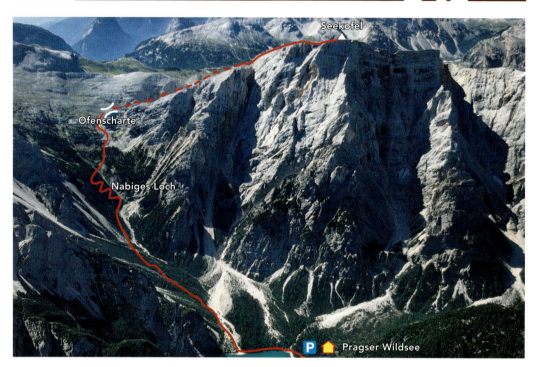

START

Ausgangspunkt
Pragser Wildsee

Anfahrt
Zwischen Welsberg und Niederdorf Abzweigung ins Pragser Tal und zum Pragser Wildsee (vor dem See gebührenpflichtige Parkplätze).

Gehzeit
8½–9 Stunden

Höhenunterschied
1322 m

Der wilde und gewaltige Felsgipfel aus Dolomitgestein thront majestätisch über dem Pragser Wildsee. Der Pragser Wildsee allein ist schon einen Besuch wert, das zeigen auch die Menschenmassen, die ihn bei schönem Wetter umrunden. Der Seekofel mit seinen fast senkrechten Wänden bildet am südlichen Ende des Sees eine atemberaubende Kulisse. Bis zum Gipfel sind mehr als 1300 Höhenmeter zu überwinden, man sollte also schon über eine gute Kondition verfügen.

Der Weg: Vom obersten Parkplatz am Wildsee geht man kurz zum See und am Hotel Pragser Wildsee rechts vorbei zum Steig Nr. 1 („Dolomitenhöhenweg 1"), auf dem man den See rechts umrundet. Am oberen Ende des Sees biegt der Weg rechts, südwärts im Wildbachschotter in ein enges Tal und führt zuerst mäßig, dann steiler werdend in Serpentinen zum sogenannten „Nabigen Loch". An der Weggabelung bleibt man immer auf dem Dolomitenhöhenweg 1, der nun rechts ins Ofental und sehr steil hinauf zur Ofenscharte führt (ladinisch „Porta sora al forn", 2388 m). Die Besteigung des Gipfels erfolgt über den Ostkamm. Der Aufstieg ist zunächst steil, dann geht es über eine mit Seilen gesicherte Felspassage in weniger steilem Gelände aufwärts. Der markierte Weg führt nun über die anfangs begraste, flache Südabdachung des Berges hinauf zum Gipfelkreuz.

Alternativen: Man kann den Seekofel auch von der Sennesalm aus besteigen. Der Weg von Pederü zur Sennesalm und zur Seekofelhütte ist weniger steil, aber dafür viel länger. Deshalb sollte man diese Wanderung eher als Zweitagestour planen (Übernachtungsmöglichkeit: Fodara Vedla, Senneshütte oder Sennesalpe).

Mühen: 1322 m HU, Aufstieg 4 ½ Stunden. Die Tour ist anstrengend und anspruchsvoll. Der Weg ist steil, aber nicht schwierig und nur am Gipfelgrat mäßig ausgesetzt. Hier kurzes mit Seilen gesichertes Stück. Sommertour, die aber bis Anfang Oktober möglich ist. Für diese Wanderung ist eine Hochgebirgsausrüstung notwendig.

Freuden: Der lange Aufstieg wird mit dem Blick über die gesamte Sennesalm belohnt. Diese für Südtirol einzigartige karstige Hochfläche wird mit dem Seekofel im Norden abgeschlossen. Alles beherrschend ist die Hohe Gaisl. Gewaltig ist auch der Tiefblick zum Pragser Wildsee. Im Norden Sicht auf den Alpenhauptkamm.

GUTSCHEINE

Für dieses Gebiet und Umgebung siehe Seiten 196–199

52 PIZ DA PERES — 2507 m

START

Ausgangspunkt
Furkelpass

Anfahrt
Von Olang auf guter Bergstraße zum Furkelpass oder von Sonnenburg durch das Gadertal und St. Vigil/Enneberg zum Furkelpass (Parkmöglichkeiten).

Gehzeit
5 Stunden

Höhenunterschied
718 m

Dieser Felsgipfel steht wie ein Eckpfeiler im Westen der Pragser Dolomiten. Die Gipfeltour führt durch eine herrliche Dolomitenlandschaft mit zerklüfteten Felsen auf der dem Pustertal zugewandten Nordseite und sonnigen Grashängen auf der Südseite.

Der Weg: Der Weg beginnt am Furkelsattel. Er führt – stets mit Nr. 3 markiert – zunächst gegen Osten und quert mäßig ansteigend die nordseitigen Waldhänge des zu besteigenden Berges. Der Gebirgssteig erreicht eine große Schuttrinne, die in weiten Serpentinen zur Dreifingerscharte (2330 m) aufsteigt. Oben geht es rechts westwärts weiter über den breiten Grasrücken zum Gipfel des Piz da Peres. Abstieg wie Aufstieg.

Alternativen: Man kann den Gipfel auch überschreiten und auf Weg Nr. 12 absteigen. Der gut ausgebaute Steig über den Felsrücken des Piz führt über einige leichte Felspassagen. Dann geht man der Beschilderung „Furkel" folgend rechts nach Pre da Peres und vom Berggasthaus Picio da Pre rechts hinunter zum Weg Nr. 3, der zum Furkelpass zurückführt. Diese Route ist kürzer und kann auch für den Aufstieg empfohlen werden.

Mühen: 718 m HU, Aufstieg 2 ¾ Stunden. Obwohl die Tour keine besonderen alpinen Schwierigkeiten birgt, sollte man doch über eine alpine Ausrüstung verfügen. Der Anstieg durch die Rinne der Dreifingerscharte ist steil, aber nicht schwierig, vielleicht etwas eintönig. Von der Scharte bis zum Gipfel ist der Weg einfach. Da die Route über die Nordflanke des Berges führt, sollte sie nur begangen werden, wenn kein Schnee mehr liegt, d. h. vom Frühsommer bis zum Spätherbst.

Freuden: Die Aussicht vom Gipfel hält, was der Piz verspricht. Weiter Blick über das zentrale Pustertal, zum Zillertaler Hauptkamm und Rieserfernergruppe und in das Gadertal – die ganze Schönheit der Dolomiten liegt vor einem. Unmittelbar beeindruckt der Blick auf Kronplatz und im Westen zum Peitlerkofel.

GUTSCHEINE

Für dieses Gebiet und Umgebung siehe Seiten 196–199

TIPP

Naturparkhaus Fanes-Sennes-Prags

In der nachgebauten Conturineshöhle finden sich Fundstücke, Filmmaterial der Grabungsarbeiten sowie ein Skelett des Höhlenbären. Weitere Themenschwerpunkte sind die Natur- und Kulturlandschaften und die Geologie des Gebietes. Das Verhältnis Mensch und Natur wird anhand der Bereiche Almwirtschaft und Almsiedlungen sowie ladinische Sagenwelt präsentiert.

Katharina-Lanz-Straße 96
I-39030 St. Vigil in Enneberg
Tel. +39 0474 506120
Öffnungszeiten:
Anfang Mai bis Ende Oktober,
Ende Dezember bis Ende März,
dienstags bis samstags,
Juli und August auch sonntags
Mehr Infos unter:
www.provinz.bz.it/naturparke

53 — WANDERUNG AUF DEM HARTDEGENWEG

START

Ausgangspunkt
Rein im Reintal

Anfahrt
Bei Sand in Taufers Abzweigung ins Reintal und nach Rein (zahlreiche Parkmöglichkeiten rechts unterhalb des Dorfes)

Gehzeit
6 ½–7 Stunden

Höhenunterschied
Ca. 800 m

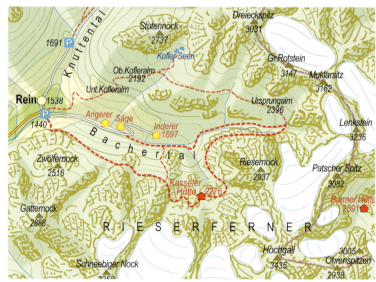

Eine der schönsten Rundwanderungen in den Rieserfernern. Die Tour zur Kasseler Hütte führt unter den Nordwänden des Hochgall vorbei und umrundet das Bachertal in Rein.

Der Weg: Die Wanderung beginnt in Rein (Parkmöglichkeiten beim Bach). Auf dem Hüttenweg Nr. 1 (Markierung „Kasseler Hütte") wandert man anfangs etwas steil, später mäßig und gleichmäßig ansteigend zur Kasseler Hütte (2276 m). Weiter geht es auf dem Hartdegen-Höhenweg (Markierung Nr. 8) fast eben durch die Hochgebirgswelt des Hochgall. Der Weg führt nach einer kurzen Kammquerung auf einem gesicherten Steig ins Bachertal. Nach der Überquerung des Gletscherbaches unterhalb der sichtbaren Ursprungsalm biegt man links auf den Weg Nr. 8B ab. Er führt anfangs etwas steil und später durch Wald abwärts in das Bachertal. An der Weggabelung im Tal nimmt man den Weg, der links verläuft und wandert darauf nach Rein zurück.

Alternativen: Man kann auf dem Hartdegen-Höhenweg von der Ursprungsalm weiter zu den Kofler Almen gehen und erst dort nach Rein absteigen. Dann dauert die ganze Wanderung aber 8–8½ Stunden. Wer also den gesamten Hartdegen-Höhenweg gehen möchte, der sollte lieber eine Zweitagestour planen (Übernachtung auf der Kasseler Hütte), dann kann man auch einen Abstecher zu den Kofler Seen machen.

Mühen: Ca. 800 m HU, Aufstieg zur Kasseler Hütte 2½ Stunden. Der gut ausgebaute Weg ist nicht schwierig, erfordert aber eine gewisse Kondition. An einigen Stellen ist der Weg schmal und steil, kurze Felspassagen sind gesichert, aber nicht schwierig (man muss nicht klettern). Hochgebirgsausrüstung und gutes Schuhwerk sind allerdings unbedingt notwendig. Schnee und Eis sind unbedingt zu meiden.

Freuden: Herrliche Hochgebirgswanderung zu den Gletschern des Hoch- und Wildgall. Der Hartdegen-Höhenweg führt über Schrofen und Kare, die die Gletscher einst formten. Die gewaltige Silhouette des Hochgall hat man stets im Blick. Auf der anderen Talseite sieht man die Gletscher am Magerstein und am Schneebigen Nock.

GUTSCHEINE

Für dieses Gebiet und Umgebung siehe Seiten 196–199

TIPP

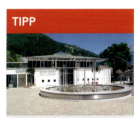

Naturparkhaus Rieserferner-Ahrn
Ein multimediales Relief gibt Auskunft über Berge, Wege, Hütten, Seen und Wasserfälle, das Zeitpendel über die Entstehungsgeschichte der Berge. Weitere Ausstellungsbereiche sind den Gletschern und Mineralien gewidmet. Lebensgroße, handgeschnitzte Greifvögel und akustische Kostproben des Dialektes der Bewohner des Tauferer Ahrntals, der „Töldrer", sind weitere Attraktionen des Hauses.

Rathausplatz 9
I-39032 Sand in Taufers
Tel. +39 0474 677546
Öffnungszeiten:
Anfang Mai bis Ende Oktober,
Ende Dezember bis Ende März,
dienstags bis samstags,
Juli und August auch sonntags
Mehr Infos unter:
www.provinz.bz.it/naturparke

54 NEVESER HÖHENWEG

START

Ausgangspunkt
Neves-Stausee oberhalb von Lappach

Anfahrt
Von Bruneck nach Mühlen in Taufers, dort Abzweigung ins Mühlwalder Tal. Ab Lappach fährt man auf einer schmalen Bergstraße zum Neves-Stausee (Parkmöglichkeiten entlang der Uferstraße)

Gehzeit
6 ½–7 Stunden

Höhenunterschied
700 m

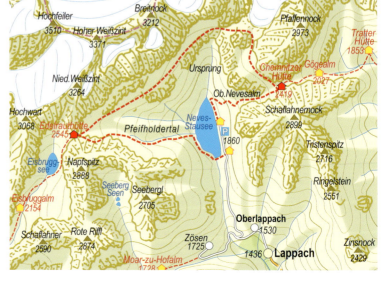

Einer der schönsten Höhenwege in den Zillertaler Alpen. Den Neveser Höhenweg kann man problemlos an nur einem Tag gehen, trotzdem bekommt man unvergessliche Eindrücke von den Gletscherriesen Thurnerkamp, Möseler und Weißzint.

GUTSCHEINE

Für dieses Gebiet und Umgebung siehe Seiten 196–199

Der Weg: Am Neves-Stausee bei Lappach (Parkmöglichkeiten entlang der Uferstraße) beginnt die Wanderung. Der Weg Nr. 24 startet am nördlichen Seeufer und führt über die Obere Nevesalm zur ausgeschilderten Chemnitzer Hütte (2419 m). Nun geht man auf Weg Nr. 1 – dem Neveser Höhenweg – zunächst nördlich, dann Richtung Westen. Dabei quert man das ganze Tal und die vielen Bäche, die von den Gletschern herunterfließen. Der Weg führt im leichten Auf und Ab zur Edelrauthütte, die auf dem gegenüberliegenden Joch liegt. Auf Weg Nr. 26 geht man dann durch das lange Pfeifholdertal zum See und der Straße entlang, über die Staumauer zurück zum Parkplatz.

Mühen: Ca. 700 m HU, Aufstieg zur Chemnitzer Hütte in gut 1 ½ Stunden. Der Aufstieg zur Chemnitzer Hütte ist anfangs etwas steil. Der schön angelegte Höhenweg ist zwar lang, aber ohne besondere alpine Schwierigkeiten. An heißen Tagen können die Gletscherbäche viel Wasser führen, was die Überquerung schwierig macht, aber es gibt einige Stege. Zur Edelrauthütte gibt es eine gesicherte Stelle, die aber nicht ausgesetzt ist. Hochgebirgsausrüstung mit gutem Schuhwerk und Regenschutz ist unbedingt notwendig. Sommertour, nur bei schönem Wetter.

Freuden: Der Blick zu den Gletschern von Thurnerkamp und Großen Möseler, die gewaltigen Bäche und Wasserfälle und der schön ausgebaute Plattenweg sind die Vorzüge dieser Tour. Man geht praktisch durch ein ganzes Tal mit wechselnden Ausblicken.

Dolomiten

55	Latemarspitze	Grand Hotel „Karersee"	S. 132
56	Ciampedie – Gardeccia	Vigo di Fassa	S. 134
57	Völseggspitze (Tschafon)	Tiers – Weißlahnbad	S. 136
58	Schlern	Seiser Alm	S. 138
59	Puflatsch	Seiser Alm	S. 140
60	Pic (Pitschberg)	St. Christina/Gröden	S. 142
61	Pizascharte (Forcella della Pizza)	St. Christina/Gröden	S. 144
62	Östliche Puezspitze	Wolkenstein/Gröden	S. 146
63	Piz Boè	Pordoijoch	S. 148
64	Col de Cuch	Pordoijoch	S. 150
65	Plattkofel	Sellajoch	S. 152
66	Langkofelrunde	Sellajoch	S. 154
67	Sassongher	Longiaru	S. 156
68	Col di Lana	Valparolapass	S. 158
69	Nuvolao	Falzaregopass	S. 160
70	Kreuzkofel	St. Leonhard in Hochabtei	S. 162
71	Torre di Pisa	Obereggen	S. 164

Der Santnerturm mit der geschwungenen Nordwestkante und dem Latschenfeld, rechts Gabelsmull und Jungschlern

55 LATEMARSPITZE — 2744 m

START

Ausgangspunkt
Grand Hotel „Karersee"
(an der Straße zwischen
Karersee und Karerpass)

Anfahrt
Von Bozen fährt man
durch das Eggental, bei
Birchabruck Abzweigung
nach Welschnofen und
weiter zum Karersee.

Gehzeit
Ca. 7 Stunden

Höhenunterschied
1180 m

Der Hauptgipfel des Latemar ist gar nicht einmal so schwierig zu besteigen. Die wohl am meisten fotografierte Berggruppe, die vom Rosengarten nur durch das Karerpass-Gebiet getrennt ist, thront hoch oben über dem Karersee. Der Name „Latemar" ist ladinisch und heißt übersetzt so viel wie „Milchmeer".

Der Weg: Die Wanderung beginnt beim Grand Hotel „Karersee". Gegenüber vom Grand Hotel zweigt rechts der Weg Nr. 18 ab, der zum Gipfel führt. Zunächst wandert man durch den Wald zu den Latemarwiesen. Dann folgt man dem Weg rechts weiter in den steiler werdenden Berg. Am oberen Waldrand geht der Steig in eine Rinne über, die man bis zur Scharte durchsteigt. Jenseits der Latemarscharte führt der Weg leicht abwärts und in einer Südquerung des Berghanges hinüber zum Hauptgipfel. Abstieg auf derselben Route.

Alternativen: Man kann für den Abstieg auch eine weniger steile, aber längere Route wählen. Dafür geht man von der Latemarscharte auf Weg Nr. 517 hinunter zum Karerpass und auf der Straße bis zum Grand Hotel zurück. Die Gipfelbesteigung ist auch vom Karerpass aus möglich: Auf der Passhöhe nimmt man den Weg Nr. 17, der durch den Wald zu den Latemarwiesen führt. Weiter wie oben beschrieben.

Mühen: 1180 m HU, Aufstieg 4 Stunden. Für diese hochalpine Gipfelwanderung braucht man eine gute Ausrüstung und Kondition. Der Weg durch die Latemarrinne zur Scharte ist steil, aber nicht schwierig. Allerdings muss man nach der Scharte wieder etwas absteigen, um zum Gipfel zu gelangen. Der letzte Teil des Weges ist felsig und mäßig ausgesetzt, aber man muss nicht klettern. Die Besteigung ist vom Sommer bis in den Frühherbst möglich.

Freuden: Der Gipfel ist eine herrliche Aussichtskanzel im östlichen Kamm der Latemargruppe und bietet einen beeindruckenden Blick auf den nahen Rosengarten bzw. auf das ganze Gebiet rund um den Karersee. Im Süden sieht man den Lagoraikamm, im Osten die Hauptgipfel der Dolomiten (Langkofel, Sella und Marmolata).

GUTSCHEINE

Für dieses Gebiet und Umgebung siehe Seiten 200–223

56 CIAMPEDIE – GARDECCIA

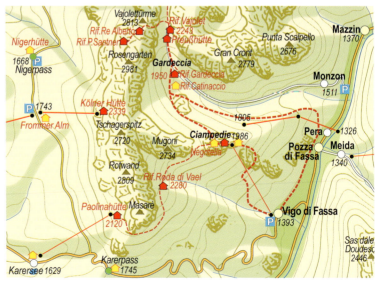

START

Ausgangspunkt
Vigo di Fassa
(Seilbahnstation)

Anfahrt
Von Bozen über den Karerpass nach Vigo di Fassa. Die Seilbahntalstation befindet sich im Dorfzentrum (großer Parkplatz).

Gehzeit
4 ½ Stunden

Höhenunterschied
250 m im Aufstieg, 800 m im Abstieg

Eine Höhenwanderung in prächtiger Bergkulisse. Bei der Tour zur Preußhütte hat man einen herrlichen Blick auf den Rosengarten. Der Sage nach soll König Laurin, der von seinem eigenen Rosengarten verraten wurde, die Berge verflucht haben. Seitdem glühen sie bei Sonnenuntergang so rot wie rote Rosen.

Der Weg: Die Wanderung beginnt in Vigo di Fassa mit der Seilbahnfahrt auf den Ciampedie, auf der man den Rosengarten bereits in seiner vollen Schönheit bewundern kann. Auf dem Ciampedie nimmt man den Weg Nr. 540 Richtung „Gardeccia". Der breit ausgebaute Weg ist wie eine Promenade durch die Dolomiten angelegt. Von Gardeccia wandert man auf Weg Nr. 546 an drei Hütten vorbei zur Preuß- und Vajolethütte. Für den Abstieg wählt man bis Gardeccia denselben Weg. Auf dem Weg nach Ciampedie biegt man, kurz nach dem Rif. Catinaccio, links auf den Sagenweg („Via delle Legende") ab, den man bergab geht. Der Steig führt später auf der Skipiste nach Pera di Fassa. Oberhalb des Ortes erreicht man einen eben verlaufenden Waldweg, dem man rechts zurück zur Seilbahnstation nach Vigo di Fassa folgt.

Alternativen: Man kann auf dem Rückweg von Gardeccia auch weiter zum Ciampedie wandern und auf Weg Nr. 544 direkt nach Vigo di Fassa absteigen. Der Weg ist zwar kürzer, aber steiler.

Mühen: HU im Aufstieg 250 m, im Abstieg 800 m. Der Weg ist leicht und gut ausgebaut. Der Abstieg wird im unteren Teil zu einer ausgedehnten Waldwanderung. Die Markierung im Wald ist zum Teil etwas verwirrend. Die Tour kann vom Frühsommer bis zum Spätherbst gemacht werden.

Freuden: Die Aussicht auf Rosengarten und die Larsecgruppe ist bereits am Ciampedie prächtig, der Weg nach Gardeccia ein Spaziergang. Der Aufstieg zur herrlich gelegenen Preußhütte ist beeindruckend, weil man sich den gewaltigen Felsabstürzen von Rosengarten und Vajoletürmen nähert. Bei der Hütte kann man die Aussicht wie in einem Amphitheater genießen.

GUTSCHEINE

Für dieses Gebiet und Umgebung siehe Seiten 200–223

GUTSCHEIN ZU DIESER TOUR

Berghotel Negritella – Pozza di Fassa siehe Seite 203

Seilbahnen Catinaccio Rosengarten – Vigo di Fassa siehe Seite 203

TIPP

Casa del formaggio
Die ehemalige Käserei präsentiert eine große Auswahl einheimischer und überregionaler Käsesorten. Eine hauseigene Gastronomieabteilung beeindruckt mit frisch zubereiteten Gerichten und ladinischen Backwaren.

Piaza del Malghèr 1
I-38036 Pozza di Fassa
Tel. +39 0462 763688
casaformaggio@virgilio.it
Öffnungszeiten: Ganzjährig
Sonntag Ruhetag

57 VÖLSEGGSPITZE (TSCHAFON) — 1834 m

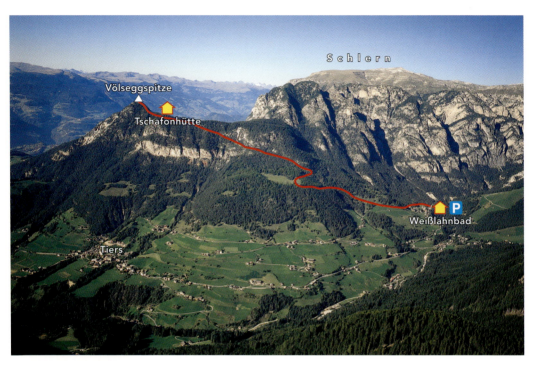

START

Ausgangspunkt
Weißlahnbad im Tierser Tal

Anfahrt
Von Bozen fährt man nach Tiers/St. Zyprian, dort biegt man links nach Weißlahnbad ab (am Ende der Fahrstraße gebührenfreier Parkplatz)

Gehzeit
3 ¼ Stunden

Höhenunterschied
660 m

Blick von den Welschnofner Almen: von links Vajolettürme, Laurinswand und Rosengarten

GUTSCHEINE

Für dieses Gebiet und Umgebung siehe Seiten 200–223

GUTSCHEIN ZU DIESER TOUR

Tschafonhütte – Tiers
siehe Seite 201

Die Völseggspitze ist gemütlich zu erwandern und belohnt mit einem herrlichen Blick auf den Rosengarten. Besonders schön ist diese Wanderung im Frühsommer zur Blüte der Alpenflora.

Der Weg: Man startet die Wanderung beim Parkplatz in Weißlahnbad und folgt der Beschilderung zur Tschafonhütte. Der breite Weg geht zunächst fast eben und führt dann steiler werdend aufwärts in den Wald. Man kann auf diesem Weg bleiben oder den Serpentinenweg nehmen, der daneben verläuft und weniger steil ist. Die Tschafonhütte (1733 m) liegt auf einer offenen Wiesenfläche. Bis zur Völseggspitze, dem höchsten Punkt der Tour, ist es nur noch ein kurzes Wegstück. Der Rückweg erfolgt auf derselben Route.

Mühen: 660 m HU, Aufstieg bis zur Tschafonhütte 1 ¾ Stunden, weitere 20 Minuten bis zur Völseggspitze. Der Weg zur Tschafonhütte ist nur teilweise steil, der Weg zum Gipfel ein leichter Spaziergang. Diese Tour birgt keinerlei alpine Schwierigkeiten. Von Mai bis in den Spätherbst möglich.

Freuden: Eine gemütliche Tour im Tierser Tal, die zunächst zur schön gelegenen Tschafonhütte führt. Von der Aussichtskanzel des bewaldeten Gipfels hat man eine herrliche Sicht zum nahen Rosengarten und zum Schlern. Offen und weit ist der Blick nach Nordwesten zum Ritten, den Sarntaler Alpen und ganz im Westen bis zur Ortlergruppe.

TIPP

Naturparkhaus Schlern-Rosengarten
Ein „Geologie-Riesenbuch" und ein Geologieturm, eine Vogelstimmenanlage, vor allem aber die wasserbetriebene, funktionstüchtige Venezianer Säge samt Wohnraum des ehemaligen Sägemeisters sind die Besonderheiten des Hauses. Das Naturparkhaus in der „Steger Säge" zeigt die Verbindung zwischen Mensch, Wasser und Wald, die das Tschamintal über Jahrhunderte hinweg geprägt hat.

Örtlichkeit Weißlahnbad
Eingang Tschamintal, I-39050 Tiers
Tel. +39 0471 642196
Öffnungszeiten:
Mitte Juni bis Anfang Oktober, dienstags bis samstags,
Juli und August auch sonntags
Mehr Infos unter:
www.provinz.bz.it/naturparke

58 SCHLERN — 2564 m

START

Ausgangspunkt
Seiser Alm (Parkplatz in Compatsch)

Anfahrt
Die Seiser Alm ist mit dem Auto nur eingeschränkt erreichbar. Von Seis fährt man mit der Seilbahn oder dem Bus auf die Alm.

Gehzeit
7 Stunden

Höhenunterschied
757 m

Der Schlern gilt wegen seiner charakteristischen Form mit den beiden vorgelagerten Spitzen als das Wahrzeichen von Südtirol. Besteigen sollte man den Schlern wegen der tollen Aussicht, die er bietet. An den Schlern lehnt sich die Seiser Alm, Europas größte Hochweide. Das Schlernhaus ist Südtirols größte Schutzhütte.

Der Weg: Die Wanderung beginnt auf der Seiser Alm, und zwar beim Parkplatz bzw. bei der Seilbahnstation in Compatsch (Spitzbühellift). Hier nimmt man den Weg Nr. 10 (Beschilderung „Schlernhaus") und wandert über die Almwiesen hinauf zum Weg Nr. 5, der zur Saltnerhütte führt. Auf einem Serpentinenweg geht man leicht ansteigend zum Schlernplateau, auf dem das Schlernhaus steht. Der weitere Anstieg zum Gipfel Petz ist nur kurz. Der Abstieg erfolgt auf derselben Route.

Alternativen: Man kann auch mit dem Lift auf den Spitzbühel fahren (man erspart sich dabei ½ Stunde Gehzeit) und von dort auf Weg Nr. 5 leicht abwärts über die Almwiesen zur Saltnerhütte wandern. Weiter geht es, wie oben beschrieben. Wanderern mit Klettersteigerfahrung ist für den Aufstieg zum Schlernhaus der Maximiliansteig empfohlen. Allerdings erfordert dieser Weg ein hohes Maß an Trittsicherheit, denn er ist ausgesetzt.

Mühen: 757 m HU, Aufstieg 3½ Stunden. Der Weg ist gut ausgebaut und weist keine besonderen Schwierigkeiten auf. Allerdings sollte man doch über etwas Kondition verfügen, da die Wanderung recht ausgedehnt ist. Sehr schön ist die Tour im Frühsommer, wenn die Alm in voller Blüte steht.

Freuden: Besonders eindrucksvoll ist der Blick auf den Rosengarten im Nachmittagslicht. Aber auch die Sicht zum Langkofel bzw. über die Alm und in die Tiefe ist zu jeder Jahreszeit ein Erlebnis.

GUTSCHEINE

Für dieses Gebiet und Umgebung siehe Seiten 200–223

GUTSCHEIN ZU DIESER TOUR

Saltnerhütte in Tschapit – Seiser Alm siehe Seite 205

Die letzten Sonnenstrahlen über dem Langkofel

59 PUFLATSCH — 2174 m

START

Ausgangspunkt
Seiser Alm (Parkplatz in Compatsch)

Anfahrt
Die Seiser Alm ist mit dem Auto nur eingeschränkt erreichbar. In Seis nimmt man am besten die Umlaufbahn oder den Bus auf die Alm.

Gehzeit
4 ½ Stunden

Höhenunterschied
330 m

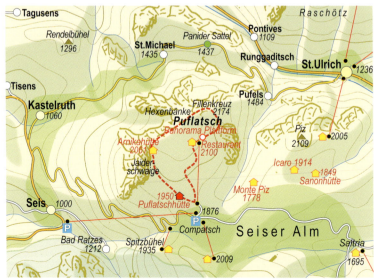

Der Puflatsch steht wie ein Tafelberg über der Seiser Alm und ist gemütlich zu erwandern. Der Puflatsch ist, auch wenn kein Gipfel im eigentlichen Sinn, der schönste Aussichtspunkt auf der Hochalm.

Der Weg: Von Compatsch, das man am besten mit der Seilbahn (Talstation in Seis) erreicht, geht man auf Weg A (Richtung „Alpenvereinshütte") aufwärts. Der Weg, als AVS-Weg ausgeschildert, windet sich im Uhrzeigersinn und immer am Rande des Plateaus entlang rund um die Hochfläche. Man erreicht zuerst die Jaiderschwaige, dann die Arnikahütte und schließlich, nach einem kurzen Anstieg, den höchsten Punkt der Hochfläche. Auch wenn der Puflatsch kein richtiger Gipfel ist, gibt es dennoch ein Kreuz, das „Fillenkreuz". Nun folgt man dem Weg zur Puflatschhütte und zurück zum Aufstiegsweg.

Alternativen: Man kann die Tour auch in umgekehrter Richtung gehen, also zuerst zur Puflatsch-Lift-Bergstation und dann entgegen dem Uhrzeigersinn um das Plateau.

Mühen: 330 m HU, Aufstieg 2 ½ Stunden. Der Weg ist leicht und nicht sehr steil. Die Tour ist eine ausgedehnte Hochwanderung um den tafelförmigen Puflatsch, der als Hochalpe zur Seiser Alm gehört. Die Wanderung kann vom Frühsommer bis zum Herbst unternommen werden.

Freuden: Herrliches Panorama: Im Süden Blick auf den Schlern und die Rosszähne, im Osten auf Marmolada und Sellastock, im Norden auf Raschötz und Sarntaler Alpen und im Westen auf die Ortlergruppe. Auf der Südseite des Puflatsch hat man eine schöne Aussicht über Seis und Völs bis nach Bozen. Von den Hexenbänken, jenen Felsen in Form großer Sessel, von denen alte Sagen berichten, sie seien Treffpunkt der Schlernhexen gewesen, sieht man besonders schön über Kastelruth und die Grödner Bergwelt.

GUTSCHEINE

Für dieses Gebiet und Umgebung siehe Seiten 200–223

GUTSCHEIN ZU DIESER TOUR

Arnikahütte – Kastelruth siehe Seite 205

Puflatsch-Lift und Aussichtsplattform Engelrast – Seiser Alm siehe Seite 206

60 PIC (PITSCHBERG) — 2363 m

START

Ausgangspunkt
Bergstation der Seilbahn Col Raiser in St. Christina/Gröden

Anfahrt
In St. Christina/Gröden fährt man zur gut ausgeschilderten Talstation der Seilbahn Col Raiser (großer gebührenpflichtiger Parkplatz).

Gehzeit
Gut 4 Stunden

Höhenunterschied
260 m

Wanderung über Blumenwiesen, im Hintergrund Sellastock und Langkofel

GUTSCHEINE

Für dieses Gebiet und Umgebung siehe Seiten 200–223

GUTSCHEIN ZU DIESER TOUR

Curonahütte – Secedaalm – St. Christina siehe Seite 211

Fermedahütte – St. Christina siehe Seite 212

Der einfachste Gipfel mit der schönsten Aussicht auf das ganze Grödner Tal. Der Berg liegt mitten in Gröden, ist leicht zu besteigen und bietet für seine Höhe eine unvergleichliche Aussicht.

Der Weg: Die Wanderung beginnt bei der Bergstation der Seilbahn Col Raiser. Hier wandert man auf Weg Nr. 2 in Richtung Fermedahütte und Curonahütte, der im weiten Bogen und fast eben über die Almwiesen führt. In mäßiger Steigung oberhalb des malerischen „Lech Sant" (heiliger See) geht es hinüber Richtung Cucasattel und zur Curonahütte. Nun wandert man auf dem Bergkamm steiler aufwärts zum breiten Gipfel. Zurück geht es zuerst zum Cucasattel am „Lech Sant" vorbei, dann den Steig rechts hinunter über Wiesen bis man auf Weg Nr. 4 trifft. Ein breiter Weg führt zum Parkplatz bei der Talstation.

Alternativen: Eine interessante Alternative ist die Gipfelüberschreitung. Der Abstieg erfolgt dann über die Seurasas-Alm zum Weiler Runcaudie und zurück zum Parkplatz. Allerdings sind der Steig und die kreuzenden Forstwege nicht besonders gut ausgeschildert.

Mühen: 260 m HU, Aufstieg 2 Stunden. Der Weg bis zum Cucasattel ist leicht und fast eben, der Aufstieg zum Gipfel ist nur im letzten Teil etwas steiler, aber gefahrlos. Dieser Berg kann vom Frühsommer bis in den Spätherbst bestiegen werden.

Freuden: Die Wanderung über die Cisleswiesen ist sehr schön. Der Gipfel bietet trotz der geringen Höhe den besten Rundblick über das Grödental und zur Seiser Alm. Gute Sicht auf die markanten Gipfel von Fermeda, Geisler, Puez-, Sella-, Langkofelgruppe und Seiser Alm.

61 PIZASCHARTE (FORCELLA DELLA PIZZA) — 2489 m

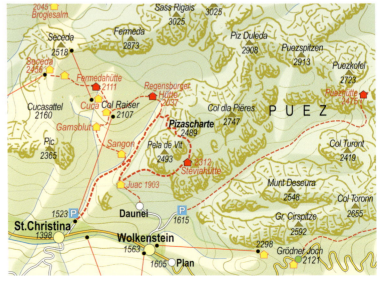

START

Ausgangspunkt
Parkplatz an der Talstation der Seilbahn Col Raiser in St. Christina/Gröden

Anfahrt
Die Talstation der Seilbahn Col Raiser befindet sich oberhalb von St. Christina/Gröden. Die Zufahrt ist gut ausgeschildert (großer gebührenpflichtiger Parkplatz).

Gehzeit
5 ½ Stunden

Höhenunterschied
900 m

Rundwanderung im Naturpark Puez-Geisler. Die Überschreitung der Pizascharte (Forcella della Pizza) verbindet die Steviaalm mit dem Almgebiet Cisles. Dem Wanderer eröffnen sich großartige Panoramablicke auf die Puezgruppe und die Geislerspitzen.

Der Weg: Vom Parkplatz an der Talstation der Seilbahn Col Raiser geht man auf einem breiten Weg (Nr. 1, Richtung „Regensburger Hütte") bergaufwärts bis zu einem kleinen See. Dort zweigt man rechts auf Weg Nr. 3 ab (Beschilderung „Stevia") und wandert zunächst über Wiesen zur Juac-Hütte. Später geht es durch Zirbelkiefernwald in die Felsregion der Dolomiten. Der stufenförmig ausgebaute und gesicherte Steig führt zuerst auf die Silvesterscharte. Dann folgen ein kurzer Abstieg und eine Querung unter Felsen hindurch. Weiter geht es hinauf zur Alm und zum Schutzhaus Stevia (2312 m). Von der Hütte zur Furcela dla Piza (2489 m), wie die Pizascharte auf ladinisch heißt, und darüber hinweg etwas steiler abwärts. Auf Weg Nr. 4 geht es talauswärts zur Sangon-Hütte, wo sich die Rundwanderung schließt. Auf demselben Weg zurück zum Parkplatz.

Mühen: 900 m HU, Aufstieg zur Scharte gut 3 Stunden. Der Weg zur Hütte ist leicht, mit einigen steileren Stufen, der Abstieg über die Pizascharte ist etwas steiler und es gibt einige gesicherte, aber nicht ausgesetzte Stellen. Trittsicherheit und gutes Schuhwerk sind Voraussetzung. Diese Tour ist im Sommer, wenn die Almwiesen in voller Blüte stehen, besonders schön. Sie kann aber bis in den Herbst problemlos gegangen werden.

Freuden: Die wechselnden Ausblicke auf das Grödental sind herrlich. Schöne Sicht auf Geislerspitzen, Langkofel und Sellagruppe.

Almidylle am Grödner Joch, rechts die Sellagruppe

GUTSCHEINE

Für dieses Gebiet und Umgebung siehe Seiten 200–223

GUTSCHEIN ZU DIESER TOUR

Sangonhütte – St. Christina siehe Seite 213

TIPP

Hotel Gardenia
Ruhige Lage, vor der Kulisse der majestätischen Geislergruppe mit Blick auf den Langkofel. Ein Ort zum Träumen, Innehalten und zum Genießen.

Raiserstraße 44
I-39048 Wolkenstein
Tel. +39 0471 793268
www.gardenahotels.com
Öffnungszeiten:
Ende Juni bis Mitte Oktober
Anfang Dezember bis Ostern
Kein Ruhetag

62 ÖSTLICHE PUEZSPITZE — 2913 m

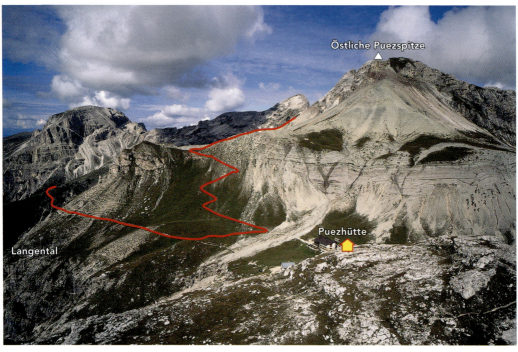

START

Ausgangspunkt
Wolkenstein/Gröden
(Parkplatz im Langental)

Anfahrt
Von St. Ulrich durchs Grödental nach Wolkenstein. Vor dem Ort folgt man links der Straße mit der Beschilderung „Langental", Parkplatz nach ca. 1 km (am Ende der befahrbaren Straße).

Gehzeit
8 Stunden

Höhenunterschied
Ca. 1300 m

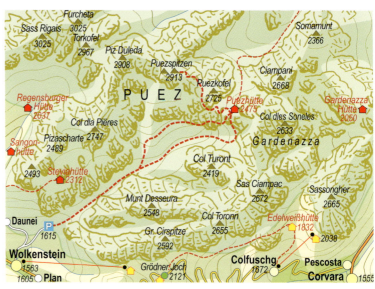

Ein Dolomitengipfel mitten im Naturpark Puez-Geisler. Die Rundwanderung durch das Langental zur Puez-Hochfläche gehört zu den schönsten Wanderungen in Gröden. Der Gipfel bietet einen Panoramablick.

Der Weg: Von Wolkenstein fährt man ins Langental. Beim Parkplatz geht man auf Weg Nr. 4 am Sylvesterkirchlein vorbei und weiter durch die grüne Talsohle, die von hohen Felswänden eingerahmt ist. Dann steigt der Weg links langsam die Bergflanke hinauf und führt in mäßiger Steigung zur Puezalpe. Von hier geht es dann flacher weiter zur Puezhütte. Kurz vor der Hütte schlängelt sich der Weg links in Serpentinen über den Grashang hinauf. Dann wandert man quer über Geröllhänge zu einem Bergsattel, der die beiden Puezgipfel vom Puezkofel (2725 m) trennt. Nun geht man links, westwärts – erst leicht, später steiler ansteigend – über den breiten Gipfelhang zur östlichen Puezspitze. Auf demselben Weg zurück zur Hütte und Abstieg auf Weg Nr. 14 ins Langental. Durch das Tal wandert man zurück zum Parkplatz.

Alternativen: Wer den Gipfel nicht erklimmen möchte, der kann sich auf die Wanderung zur Puezhütte beschränken.

Mühen: 1300 m HU, Aufstieg 4 ¾ Stunden. Die ausgedehnte Bergwanderung erfordert Kondition, ist aber ohne besondere Schwierigkeiten. Die Besteigung des Gipfels ist leicht, der Weg gut und nicht ausgesetzt. Tour vom Sommer bis zum Herbst möglich.

Freuden: Dieser zentrale Gipfel bietet einen eindrucksvollen Blick auf die Felswelt der Dolomiten und die Gipfel der Puez-Geisler-Gruppe im gleichnamigen Naturpark. Die Rundwanderung durch das Langental ist eine der schönsten Wanderungen in Gröden.

Sella- und Langkofelgruppe

GUTSCHEINE

Für dieses Gebiet und Umgebung siehe Seiten 200–223

TIPP

Restaurant Hotel Scoiattolo
Ruhige Lage in den Dolomiten mit großem Wellnessbereich nahe der Skipisten der „Sella Ronda". Einheimische Gerichte mit großer Auswahl an Südtiroler und italienischen Spitzenweinen.

Dantercëpiesstraße 34
I-39048 Wolkenstein
Tel. +39 0471 795202
www.scoiattolo.info
Öffnungszeiten:
Dezember bis Ostern
Kein Ruhetag
Juni bis Mitte Oktober
Mittwoch Ruhetag

63 PIZ BOÈ — 3152 m

START

Ausgangspunkt
Pordoijoch (Passo Pordoi)

Anfahrt
Das Pordoijoch kann man von Gröden oder vom Val di Fassa (Fassatal) aus erreichen.

Gehzeit
5 ½ Stunden

Höhenunterschied
320 m im Aufstieg,
900 m im Abstieg

Der Piz Boè ist der einzige Dreitausender in der Sellagruppe. Er gilt als der „leichteste" Dreitausender der Dolomiten, weil er – der Seilbahn sei dank – in gut einer Stunde zu erreichen ist. Einige schwierige Abschnitte sind mit Seilen gesichert.

Der Weg: Vom Pordoijoch führt eine Seilbahn zum Sass Pordoi auf 2950 m (Aussichtspunkt mit Panoramaterrasse und Restaurant). Der Weg von der Seilbahn geht zunächst abwärts zur Pordoischarte und dann auf einem breiten Weg – immer der Beschilderung „Piz Boè" folgend – in angenehmer Steigung zum Gipfel. Der Weg hat wechselnde Markierungen, weil er hier den Dolomiten-Höhenweg kreuzt und diesem teilweise folgt. Wenn man sich nach der Zielbeschilderung richtet, dann kann man den Aufstieg nicht verfehlen. Für den Abstieg wählt man denselben Weg bis zur Pordoischarte, wo das Schutzhaus Rif. Forcella Pordoi steht. Dann wandert man im Kar auf dem Schartenweg steil hinab zum Pordoijoch.

Alternativen: Man kann natürlich auch wieder mit der Seilbahn vom Sass Pordoi zum Pordoijoch zurückfahren. Dafür muss man von der Forcella allerdings wieder zum Sass Pordoi aufsteigen.

Mühen: HU im Aufstieg 320 m, im Abstieg ca. 900 m, Aufstieg 2 ¼ Stunden. Der Weg zur Forcella ist anfangs felsig, danach breit. Der Aufstieg zum Gipfel erfolgt ebenfalls auf einem unproblematischen, etwas steilen Felsensteig. Der Weg ist nicht ausgesetzt. Der Abstieg von der Forcella zum Pordoijoch ist anfangs zwar steil, aber ungefährlich. Gutes Schuhwerk ist erforderlich. Ausgesprochene Sommertour, die von den Fahrzeiten der Seilbahn abhängig ist (die Seilbahn stellt ihren Betrieb Ende September ein).

Freuden: Eher gemütliche Tour auf einen Dreitausender. Der Gipfelblick ist trotz des verbauten Gipfels ein Genuss. Man steht inmitten der gewaltigen Felsenwelt der Sellagruppe und sieht darüber hinaus auf alle wichtigen Berge der Dolomiten. Einziger Wermutstropfen: Man ist nicht allein auf dem Gipfel.

GUTSCHEINE

Für dieses Gebiet und Umgebung siehe Seiten 200–223

GUTSCHEIN ZU DIESER TOUR

Seilbahn Sass Pordoi – Canazei siehe Seite 214

64 COL DE CUCH — 2563 m

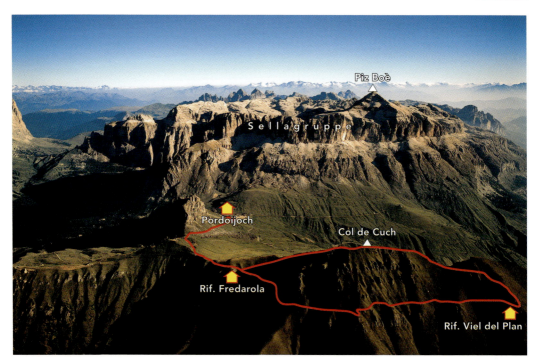

START

Ausgangspunkt
Parkplatz am Pordoijoch (2239 m)

Anfahrt
Durch das Fassatal oder über das Sellajoch fährt man auf einer sportlichen Passstraße zum Pordoijoch (großer Parkplatz).

Gehzeit
3 ½ Stunden

Höhenunterschied
324 m

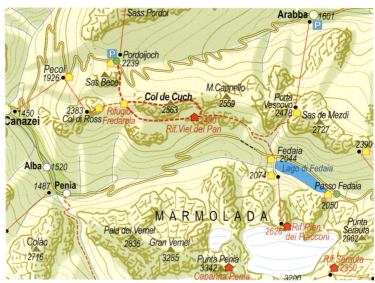

Die Grödner Almen am Fuß des Langkofels

Höhenweg mit Marmoladablick. Der gemütliche Höhenweg „Alta Via delle Dolomiti 2" führt zu einer herrlich gelegenen Hütte und über den Bergkamm des Col de Cuch.

Der Weg: Vom Pordoijoch – hier gibt es einen großen Parkplatz – wandert man rechts auf dem Höhenweg Nr. 601, der auch als „Alta via delle Dolomiti 2" bzw. als „Viel del Pan" (Bindelweg) ausgeschildert ist, leicht ansteigend zur Schutzhütte Rif. Fredarola. Auf der Südseite des Bergkammes geht es dann ostwärts auf einem fast ebenen, breiten Weg weiter zur Schutzhütte Rif. Viel del Pan. Gleich hinter der Hütte steigt man bergseitig steil hinauf. Anschließend wandert man mehr oder weniger den Bergkamm nach Westen entlang zum Col de Cuch. Der Abstieg erfolgt über den Grat zurück zum Höhenweg (Bindelweg), der zum Pordoijoch zurückführt.

Mühen: 324 m HU, Aufstieg bis zur Schutzhütte 1 ¾ Stunden, bis zum Gipfel noch einmal 1 Stunde. Der Weg zur Schutzhütte ist leicht und fast eben. Der Aufstiegsweg zum Col de Cuch ist nur anfangs steil, er führt ungefährlich und wenig ausgesetzt mit leichtem Abstieg über den Bergrücken zurück zum Bindelweg. Eine insgesamt eher gemütliche Tour, die vom Frühsommer bis in den Herbst hinein gemacht werden kann.

Freuden: Ein breiter, schöner Höhenweg führt zu der herrlich gelegenen Schutzhütte Rif. Viel del Pan. Auf dem gesamten Hinweg hat man einen fantastischen Blick auf den Gran Vernel und die „Königin der Dolomiten", die Marmolada. Auf dem Rückweg spielt dann der Blick zur Sellagruppe die Hauptrolle. Außerdem reicht die Aussicht vom Fassatal bis zu den Cortineser Bergen.

GUTSCHEINE

Für dieses Gebiet und Umgebung siehe Seiten 200–223

GUTSCHEIN ZU DIESER TOUR

Seilbahn Sass Pordoi – Canazei siehe Seite 214

65 PLATTKOFEL — 2958 m

START

Ausgangspunkt
Sellajochhaus etwas unterhalb des Sellajochs

Anfahrt
Von Wolkenstein/Gröden fährt man zum Sellajoch (beim Sellajochhaus großer gebührenpflichtiger Parkplatz).

Gehzeit
4 Stunden

Höhenunterschied
658 m

Der Plattkofel verdankt seinen Namen seiner auffälligen Form, die ihn wie ein rechtwinkliges Dreieck erscheinen lässt. Besonders beeindruckend wirkt der fast Dreitausender von der Seiser Alm aus. Der Aufstieg über den Friedrich-August-Weg und die Plattkofelhütte ist relativ einfach. Der Gipfelblick belohnt für den eintönigen Weg.

Der Weg: Beim Sellajochhaus beginnt – rechts von der Straße, kurz oberhalb der Hütte – der Weg Nr. 4/594, der auch als Friedrich-August-Weg ausgeschildert ist. Auf diesem Weg wandert man mäßig ansteigend – später meist eben – in westlicher Richtung am Südfuß der Gebirgsgruppe entlang zur Plattkofelhütte. Der Weg ist sehr schön und deshalb ist man hier auch nicht allein. Zum Gipfel führt ein guter Schotterweg in Serpentinen hinauf. Die lange Schräge des Berges ist allerdings etwas eintönig. Abstieg auf derselben Route.

Alternativen: Der Plattkofel kann auch über den „Oskar-Schuster-Klettersteig" bestiegen werden. Obwohl dieser Klettersteig zu den einfacheren und weniger schwierigen gezählt wird, ist er aber erfahrenen Berggehern mit der entsprechenden Ausrüstung vorbehalten. Zunächst fährt man mit der Seilbahn vom Sellajoch zur Langkofelscharte, dann Abstieg zur Langkofelhütte und links hinauf durch das Kar und auf dem relativ kurzen Klettersteig zum Gipfel.

Mühen: 658 m HU, Aufstieg 2 Stunden. Der Weg weist insgesamt keine Schwierigkeiten auf, beim Abstieg sind Trekkingstöcke sehr hilfreich. Die Tour kann vom Frühsommer bis in den Spätherbst begangen werden, im Frühsommer sollte man sich allerdings vor Firnfeldern (Restschnee) in Acht nehmen.

Freuden: Die Wanderung auf dem Friedrich-August-Weg ist ein Genuss. Die Aussicht vom Gipfel beeindruckt wegen des unmittelbaren Tiefblicks in das Felsenrund der Langkofelgruppe. Aus dieser Perspektive kann man sich leicht vorstellen, dass der Gebirgsstock einmal ein Korallenriff war. Nach Westen Sicht über die Seiser Alm auf Rosengarten und Schlern.

GUTSCHEINE

Für dieses Gebiet und Umgebung siehe Seiten 200–223

GUTSCHEIN ZU DIESER TOUR

Plattkofelhütte – Fassajoch siehe Seite 204

66 LANGKOFELRUNDE

START

Ausgangspunkt
Sellajochhaus unterhalb des Sellajochs

Anfahrt
Von Wolkenstein/Gröden fährt man zum Sellajoch (Parkmöglichkeiten beim Sellajochhaus und bei der Seilbahnstation).

Gehzeit
4 ½–5 Stunden

Höhenunterschied
100 m im Aufstieg, 500 m im Abstieg

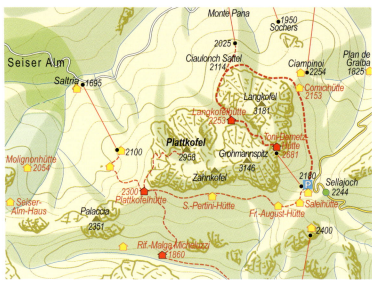

Eine sehr schöne und zugleich einfache Rundwanderung führt um den Langkofel. Neben den Drei Zinnen gehört der Langkofel wohl zu den spektakulärsten Felsformationen der Südtiroler Dolomiten. Der Hauptgipfel der Langkofelgruppe heißt auf Ladinisch Saslonch, was so viel wie „Langer Stein oder Fels" bedeutet.

Der Weg: Vom Sellajochhaus nimmt man am besten die Seilbahn zur Langkofelscharte. Die Fahrt selbst ist schon ein Erlebnis, für den Aufstieg zu Fuß bräuchte man 1 ½ Stunden. Von der Toni-Demetz-Hütte an der Langkofelscharte steigt man auf Weg Nr. 525 durch das Langkofelkar zur Langkofelhütte ab. Unterhalb der Langkofelhütte kommt man an eine Weggabelung und biegt auf Weg Nr. 26 ab, der rechts unter den Felsabstürzen des Langkofels zum Ciaulonch-Sattel (2114 m) hinüberführt. Weiter geht es – leicht absteigend – auf Weg Nr. 526A zum Talgrund und wieder hinauf zur Comicihütte (2153 m). Der Weg Nr. 526 führt nun, die Ostseite des Langkofels querend, über Wiesen und später durch den Felsabsturz der „Steinernen Stadt" hinüber zum Sellajochhaus.

Mühen: HU 100 m im Aufstieg, 500 m im Abstieg. Der Weg ist für etwas geübte Bergwanderer leicht und ohne besondere Schwierigkeiten. Der Abstieg durch das Langkofelkar sieht zwar anfangs furchterregend aus, weil er zwischen senkrecht aufragenden Felswänden verläuft, doch man muss nicht klettern und der Weg ist auch nicht ausgesetzt. Ab der Langkofelhütte geht die Rundwanderung auf einem leichten Wanderweg weiter, mit einem kurzen Aufstieg zur Comicihütte. Man sollte die Tour nur im Sommer unternehmen, wenn im Langkofelkar kein Schnee mehr liegt. Gutes Schuhwerk ist unerlässlich, Trekkingstöcke sind hilfreich.

Freuden: Die Tour führt mitten durch das gewaltige Felsenmassiv der Langkofelgruppe. Der Weg zum Ciaulonchsattel und zur Comicihütte bietet wechselnde Ausblicke über die Seiser Alm, nach Gröden und auf die Sellagruppe.

GUTSCHEINE

Für dieses Gebiet und Umgebung siehe Seiten 200–223

GUTSCHEIN ZU DIESER TOUR

Saleihütte – Canazei siehe Seite 213

TIPP

Langkofelhütte
Im Herzen der Langkofelgruppe der ideale Ausgangspunkt für Wanderungen von 2 bis 6 Stunden, wie z. B. der Oskar-Schuster-Steig. Übernachtungsmöglichkeiten für Wanderer und Hüttenbesucher (69 Betten).

Pana Straße 7/3
I-39047 St. Christina
Tel. +39 335 6279567
Tel. Sommer +39 0471 792293
www.rifugiovicenza.com
Öffnungszeiten: Anfang Juni bis Anfang Oktober
Kein Ruhetag

67 SASSONGHER — 2665 m

START

Ausgangspunkt
Longiaru (Parkplatz) am Anfang des Edelweißtales

Anfahrt
Durch das Gadertal oder über das Grödner Joch nach Kolfuschg (Hochabtei) und weiter Richtung Edelweißtal (großer Parkplatz bei Longiaru am Anfang des Tales)

Gehzeit
6 Stunden

Höhenunterschied
900 m

Das Felssymbol von Corvara und Kolfuschg scheint unbezwingbar. Der Sassongher, der sich wie ein Wachturm über dem Talgrund von Corvara erhebt, stellt die Südostecke der Puezgruppe dar. Er ist Teil des Naturparks Puez-Geisler. Die Normalroute vermittelt trittsicheren Wanderern ein besonderes Bergerlebnis.

GUTSCHEINE

Für dieses Gebiet und Umgebung siehe Seiten 200–223

Der Weg: Der Weg auf den Sassongher beginnt am Anfang des Edelweißtales in Longiaru, einem Ortsteil von Campill in Hochabtei (Parkplatz). Auf Weg Nr. 4 wandert man ins Edelweißtal. Hinter dem gleichnamigen Gasthaus wechselt man rechts auf den Steig mit der Markierung Nr. 7 und geht im steiler werdenden Gelände (immer rechts halten) in die Steilhänge des Sassongher. Der Weg führt zur Sassongher-Scharte, wo der eigentliche Gipfelaufbau beginnt. In engen Kehren nähert man sich dem Gipfel von Norden her. Der Abstieg erfolgt auf derselben Route.

Mühen: 900 m HU, Aufstieg gut 3 Stunden. Die Besteigung des Gipfels erfordert gutes Schuhwerk, alpine Erfahrung und Trittsicherheit. Der Weg ist zum Großteil gut ausgebaut und nur an einigen Stellen ausgesetzt, Felspassagen sind mit Seilen gesichert. Sommertour, die auch im Herbst begangen werden kann, wenn kein Schnee liegt.

Freuden: Auf dem Gipfel wird man für die Mühen des Aufstiegs mit einem großartigen Ausblick über das gesamte Hochabtei belohnt. Man sieht vom Kreuzkofel, Conturines, Tofana, Lagazuoi, Settsass bis zu den großen Dolomitengipfeln im Süden – Sorapiss, Antelao, Civetta – im Südwesten – Marmolada – und Westen – Sella- und Langkofelgruppe. Im Nordwesten Sicht auf die Gardenazza-Hochfläche.

Der Conturines-Gipfel (Bärenhöhle) in der Fanesgruppe. Im Hintergrund die Rieserfernergruppe

68 COL DI LANA — 2452 m

START

Ausgangspunkt
Valparolapass

Anfahrt
Von La Villa in Hochabtei fährt man Richtung Armentarola und hinauf zum Valparolapass (2168 m, Parkmöglichkeiten).

Gehzeit
5 Stunden

Höhenunterschied
300 m

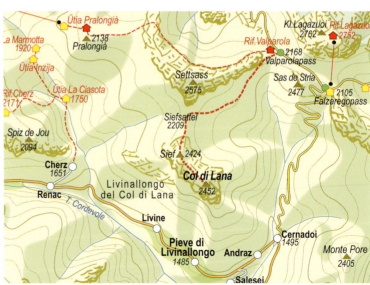

Gipfelwanderung im Herzen der Dolomiten. Der Col di Lana war während des Ersten Weltkriegs heftig umkämpft, viele Soldaten – sowohl Österreicher als auch Italiener – verloren ihr Leben. Nicht nur deshalb erhielt er den Beinamen „Col di Sangue" – Blutberg. Heute führt eine friedliche Wanderung auf diesen schönen, zentralen Aussichtsberg in den Dolomiten.

Der Weg: Die Wanderung beginnt am Valparolapass (Parkmöglichkeit). Hinter dem Schutzhaus geht man auf dem immer mit Nr. 23 markierten Weg zunächst leicht abwärts Richtung Westen. Der Steig windet sich – im stetigen Auf und Ab – unter den Südwänden des Settsass-Kammes entlang bis zum Siefsattel (Sella di Sief, 2209 m). Von hier steigt man kurz hinauf zum Siefgipfel (Cima di Sief, 2424 m), der durch einen Gipfelgrat mit dem Col di Lana verbunden ist. Der Weg zum Hauptgipfel des Col di Lana führt auf gesichertem Steig zuerst abwärts und dann auf dem Grat bis zur höchsten Erhebung. Hier befinden sich ein kleines Museum und eine Kapelle. Außerdem sind noch verfallene Lauf- und Schützengräben sowie Barackenreste erhalten. Auf demselben Weg wandert man zurück zum Valparolapass.

Mühen: 300 m HU, Aufstieg 2 ¾ Stunden. Die ausgedehnte Wanderung ist bis zum Siefgipfel leicht. Für den Aufstieg auf den Col di Lana sollte man allerdings trittsicher sein, denn der Weg führt – gesichert – über eine Felspassage. Für geübte, trittsichere Wanderer ist die Besteigung jedoch leicht und problemlos zu bewältigen.

Freuden: Der Berg bietet wegen seiner zentralen Lage in den Dolomiten ein herrliches Panorama. Der Ausblick vom Siefgipfel ist ebenso beeindruckend wie der vom nur unwesentlich höheren Col di Lana. Zu sehen sind im Norden Conturines, Lagazuoi und Tofana, im Osten Nuvolao, Croda da Lago, Sorapiss und Antelao, im Süden die großen Gipfel von Pelmo, Civetta und Marmolada sowie im Westen die Sella- und die Puezgruppe.

GUTSCHEINE

Für dieses Gebiet und Umgebung siehe Seiten 200–223

GUTSCHEIN ZU DIESER TOUR

Seilbahn Falzarego – Lagazuoi siehe Seite 215

Museum Forte Tre Sassi – Lagazuoi siehe Seite 215

Lagazuoi 5 Torri – siehe Seiten 215–216

69 NUVOLAO — 2575 m

START

Ausgangspunkt
Falzaregopass

Anfahrt
Von Hochabtei fährt man über den Valparolapass zum Falzaregopass (gute Parkmöglichkeiten).

Gehzeit
5 ½ Stunden

Höhenunterschied
500 m

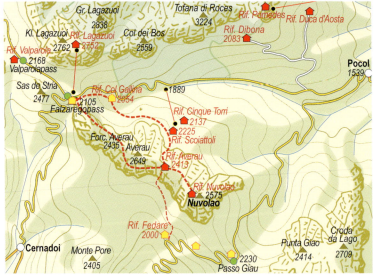

Der schönste Blick auf Cortina d'Ampezzo und seine Gipfel. „Von Nuvolau's hohen Wolkenstufen lass mich Natur durch deine Himmel rufen: An deiner Brust gesunde, wer da krank! So wird zum Völkerdank mein Sachsendank." So dichtete der sächsische Oberst Richard von Merheim 1833 voller Begeisterung und stiftete ein Schutzhaus für den Gipfel.

Der Weg: Am Falzaregopass, dem Übergang zu den Cortineser Dolomiten, nimmt man den Weg Nr. 441 Richtung Südosten und quert in mäßiger Steigung den Berghang bis zur Forcella Averau. Der Weg umrundet nun südlich das Felsmassiv des Averau und führt fast eben zur Schutzhütte Rif. Averau. Auf Weg Nr. 439 geht es über den gleichmäßig ansteigenden Bergkamm des Nuvolao hinauf zum Gipfel. Dort oben steht die Schutzhütte Rif. Nuvolao – Gipfelhütten sind in den Dolomiten eine Seltenheit –, die man schon von Weitem sieht. Der Rückweg erfolgt auf derselben Route.

Alternativen: Zurück kann man auch einen anderen Weg einschlagen. Dazu steigt man beim Rif. Averau auf Weg Nr. 439 zur Scoiattoli-Hütte ab oder man geht kurz vor dem Berggasthaus gleich links auf Weg Nr. 440 durch lichten Wald hinunter zur Dolomitenstraße. Auf demselben Weg wandert man leicht ansteigend über die Col-Gallina-Hütte zurück zum Falzaregopass (zur Gesamtgehzeit muss man ca. 1 Stunde dazurechnen).

Mühen: HU 500 m, Aufstieg 2 ¾ Stunden. Der Weg ist leicht und nicht ausgesetzt, aber er führt immer durch felsiges Gelände oder über Dolomitschotter. Gutes Schuhwerk ist daher eine wichtige Voraussetzung. Die Zustiege sind angenehm bis mäßig steil. Eine klassische Sommertour bis Anfangs Oktober.

Freuden: Das Panorama ist atemberaubend. Die Sicht auf das Tal von Cortina und den gewaltigen Gipfelkranz sucht ihresgleichen. Der Blick reicht vom Lagazuoi im Norden zu den Tofanagipfeln und zum Monte Cristallo. Im Osten sieht man Sorapiss und Antelao, im Süden Pelmo und Civetta. Der Tiefblick geht zu den Cinque Torri und zur Croda da Lago.

GUTSCHEINE

Für dieses Gebiet und Umgebung siehe Seiten 200–223

GUTSCHEIN ZU DIESER TOUR

Museum Forte Tre Sassi – Lagazuoi
siehe Seite 215

Sessellift 5 Torri
siehe Seite 215

Schutzhütte Fedare
siehe Seite 216

Schutzhütte Averau –
siehe Seite 217

Schutzhütte Scoiattoli
siehe Seite 217

TIPP

Rifugio Cinque Torri / Cinque Torri Hütte
Traditionelle Tiroler Küche und Gerichte nach alten Rezepten. Zentral gelegen für Wanderungen und Klettersteige in der Dolomiten. 20 Schlafplätze vorhanden.

Loc. 5 Torri
I-32043 Cortina d'Ampezzo
Tel. +39 0436 2902
www.lagazuoi5torri.dolomiti.org
Öffnungszeiten: Anfang Juni bis Ende September
Kein Ruhetag

70 KREUZKOFEL — 2908 m

START

Ausgangspunkt
St. Leonhard in Hochabtei (Talstation des Sesselliftes)

Anfahrt
Vom Pustertal oder über das Grödner Joch nach Hochabtei, bei Pedratsches Abzweigung nach St. Leonhard (Parkplatz bei der Talstation des Sesselliftes).

Gehzeit
6 ½–7 Stunden

Höhenunterschied
1068 m

Vom Wallfahrtsort zum luftigen Gipfel. Die Kreuzkofelgruppe erhebt sich wie eine gewaltige Ringmauer über der Fanesalm. Von den vielen Gipfeln entlang des Bergsaumes ist der Heiligkreuzkofel, auch Punta Cavallo oder L'Cival (ladinisch) genannt, der leichteste.

Der Weg: Mit dem Sessellift fährt man von St. Leonhard (Alta Badia) zum Wallfahrtsort Heilig Kreuz (La Crusc). Von der Bergstation sind es nur wenige Minuten hinauf zur herrlich gelegenen Wallfahrtskirche „Heilig Kreuz" (2045 m) nebst Wirtshaus. Man folgt stets der Markierung Nr. 7, die zunächst durch Latschenkiefernwald und über einen Geröllsteig zu den Felsaufbauten des Kreuzkofels führt. Der Steig quert den ganzen Westhang des Berges bis zur Kreuzkofelscharte (2612 m), dabei sind mehrere Felspassagen zu überwinden. Der Steig ist zwischendurch mit Seilen gesichert. Von der Scharte geht man – mäßig ansteigend – nordwärts weiter über den Bergkamm zum Gipfelkreuz. Abstieg wie Aufstieg.

Alternativen: Auch eine Rundwanderung über die Kreuzkofelscharte ist sehr schön. Dazu geht man wie beschrieben bis zur Scharte und steigt dann auf Weg Nr. 7 Richtung „Fanesalm" ab. An einer Weggabelung wendet man sich nach rechts und geht auf Weg Nr. 12B weiter abwärts. Später wandert man wieder aufwärts zum Lavarellasattel (Forcella Medesc) auf 2533m. Der Abstieg führt durch Kiefernwald zu den Viles (Höfegruppe) von Rudiferia und Canins. Etwas unterhalb trifft man auf Weg Nr. 13, der den Wanderer zurück nach St. Leonhard bringt (Gehzeit ca. 7 Stunden).

Mühen: 1068 m HU, Aufstieg 3 ½ Stunden. Der Aufstieg zur Kreuzkofelscharte geht durch felsiges Gelände. Der Weg ist etwas ausgesetzt und zum Teil mit Seilen gesichert. Er ist aber ohne alpine Herausforderungen. Voraussetzung sind jedoch Trittsicherheit und Schwindelfreiheit. Der Weg auf den Gipfel ist lang, aber leicht. Sommertour bis Ende September.

Freuden: Die Aussicht auf die Dolomiten des Abtei und die Fanesalm ist bereits an der Kreuzkofelscharte beeindruckend. Der Blick vom Gipfel erschließt vor allem Puez- und Sellagruppe im Westen, das Lavarella- und Conturinesmassiv im Süden und die Ampezzaner Dolomiten.

GUTSCHEINE

Für dieses Gebiet und Umgebung siehe Seiten 200–223

71 TORRE DI PISA — 2671 m

↓ Zischgalm

START

Ausgangspunkt
Obereggen

Anfahrt
Von Bozen durch das Eggental nach Obereggen (großer Parkplatz bei der Liftstation).

Gehzeit
Gut 5 Stunden

Höhenunterschied
591 m

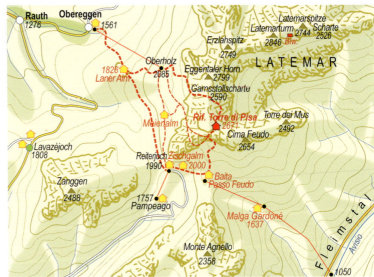

Rundwanderung durch die Felslandschaft des Latemar zur Schutzhütte beim „Schiefen Turm von Pisa". Die Tour führt durch eine wilde Dolomitenlandschaft zu einer aussichtsreichen Schutzhütte, von der aus man zwar nicht bis nach Pisa, aber zum gleichnamigen schiefen Felsen hinter der Hütte sieht.

Der Weg: In Obereggen fährt man mit dem Sessellift nach Oberholz (2085 m). Dadurch verkürzt sich der Aufstieg beträchtlich. Nun steigt man auf Weg Nr. 18 in weiten Serpentinen über die steile Bergflanke hinauf in die Felsenwelt des Latemar. An der Gamsstallscharte (2590 m) muss man südseitig ein kurzes Stück zum Weg Nr. 516 hinuntergehen, der nun wieder leicht ansteigend zum Schutzhaus „Torre di Pisa" führt. Der Abstieg erfolgt über das Reiterjoch, vorbei an der Zischgalm und auf der breiten, verkehrsfreien Straße zur Laner Alm. Von dort wandert man wieder nach Obereggen zurück.

Alternativen: Man kann natürlich auch zu Fuß nach Oberholz gehen. Dazu wandert man am besten auf der Zufahrtsstraße zur Laner Alm und dann weiter auf Weg Nr. 18 steil bergan.
Wenn man nicht über das Reiterjoch absteigen will, dann nimmt man Steig Nr. 22, der rechts hinunter zur Meierlalm führt. Es empfiehlt sich allerdings nicht, den ganzen Weg Nr. 22 zu gehen, da er sich – auch wenn er sehr schön ist – sehr lang hinzieht.

Mühen: 591 m HU, Aufstieg 2 ½ Stunden. Der Weg führt zwar in eine bizarre Landschaft aus Felsen, Karen und Türmen, ist aber ungefährlich, nicht ausgesetzt und leicht zu finden. Die kurzen Abstiege von der Scharte und der Schutzhütte sind leicht und nicht lang. Beste Jahreszeit für diese Wanderung ist der Sommer (Sessellift fährt nur bis Ende September).

Freuden: Der Weg durch die Gamsstallscharte ist beeindruckend. Überall eröffnen sich herrliche Panoramablicke.

GUTSCHEINE

Für dieses Gebiet und Umgebung siehe Seiten 200–223

GUTSCHEIN ZU DIESER TOUR

*Schutzhütte Pisahütte – Latemar
siehe Seite 200*

*Restaurant-Jausenstation Zischgalm – Deutschnofen
siehe Seite 200*

Brentagruppe

72	Paganella	Molveno	S. 168
73	Höhenwanderung in der Brentagruppe	Molveno	S. 170
74	Palmieriweg	San Lorenzo in Banale	S. 172

Sonnenuntergang in der Brentagruppe. Links Cima-Brenta-Massiv, im Schatten Sfulmini und Campanili, rechts Crozzon und Cima Tosa

72 PAGANELLA — 2098 m

START

Ausgangspunkt
Molveno

Anfahrt
Von Mezzocorona fährt man über Fai und Andalo nach Molveno, von Trient (Trento) aus über Sarche.

Gehzeit
6 Stunden

Höhenunterschied
1250 m

Die Paganella ist ein Bergmassiv im Westen von Trient, das aus einer nach Westen abgedachten Hochebene und mehreren Gipfeln besteht. Von Molveno aus kann man eine schöne Rundwanderung über die Gipfel machen. Dabei hat man einen grandiosen Blick auf die Brentagruppe mit ihren Dolomittürmen.

> **GUTSCHEINE**
>
> *Für dieses Gebiet und Umgebung siehe Seiten 221–223*

Der Weg: Für diese Rundwanderung lässt man das Auto am besten in Molveno stehen und fährt von dort mit dem Bus nach Andalo und weiter mit den Liftanlagen bis zum Gipfel der Paganella. Vom Rif. La Roda (2098 m) nimmt man den Weg Nr. 602, der Richtung Süden über den Pra Grande und weiter zum Passo di Sant'Antonio (1893 m) führt. Nach einem kurzen Abstieg geht man über die Hänge aufwärts zur Cima Canfedin (2034 m) und anschließend westwärts hinunter zum Passo San Giacomo (1958 m). Die Tour führt nun unter dem Monte Gazza entlang und über die weiten Almböden der Malga di Covelo (1781 m), vorbei an der Berghütte Bait del Germano, hinüber zum Passo San Giovanni (1958 m), auch Bocca di San Giovanni genannt. Vom Pass aus wandert man weiter südwärts zum leichten und aussichtsreichen Gipfel des Monte Ranzo (1836 m) und wieder zurück zum Pass. Der Abstieg nach Molveno erfolgt auf Steig Nr. 644, erst zum See und dann bis ins Ortszentrum.

Alternativen: Für den Abstieg nach Molveno kann man auch die Wege Nr. 612 und 605 nehmen. Natürlich kann man die Paganella auch zu Fuß besteigen (1100 Höhenmeter) oder nur einen der beiden Sessellifte benutzen, allerdings verlängert sich dann die Gesamtgehzeit.

Mühen: 1250 m HU im Abstieg, Aufstieg zum Monte Ranzo 3½ Stunden. Leichte alpine Wanderung mit etwas langem Abstieg. Die Wanderung über den Bergrücken der Paganella erschließt immer neue Gipfel, dazwischen liegen weite, offene Berghänge und Almen. Die Tour kann man vom Frühsommer bis in den Spätherbst machen.

Freuden: Der Panoramablick geht über das südliche Etschtal, Trient und den Monte Bondone, aber vor allem zur gewaltigen Breitseite der Brentagruppe. Der Anblick dieses Bergmassivs, dessen Sedimentgestein nicht aufgewölbt, sondern bizarr gebrochen wurde, begleitet den Wanderer auf dem gesamten Weg.

73 HÖHENWANDERUNG IN DER BRENTAGRUPPE

START

Ausgangspunkt
Molveno

Anfahrt
Von Mezzocorona fährt man über Fai und Andalo nach Molveno, von Trient (Trento) aus über Sarche.

Gehzeit
7 ½–8 Stunden

Höhenunterschied
300 m im Aufstieg,
1600 m im Abstieg

Diese anspruchsvolle Hochtour durchquert die Felsenwelt der Brentagruppe und führt vom Passo del Grostè bis Molveno. Die Durchquerung der zentralen Brenta Dolomiten (Dolomiti di Brenta) garantiert fantastische Bergerlebnisse, und zwar nicht auf Klettersteigen, sondern auf normalen Wegen.

> **GUTSCHEINE**
> *Für dieses Gebiet und Umgebung siehe Seiten 221–223*

Der Weg: Von Molveno fährt man mit dem Bus über Ponte Arche nach Madonna di Campiglio und weiter zum Passo Campo Carlo Magno. Die Seilbahn bringt den Wanderer hinauf zum Passo del Grostè (2442 m), dem Ausgangspunkt vieler herrlicher Touren in der Brentagruppe. Auf Weg Nr. 316 geht es Richtung Süden um die Felsnadel des Torre di Vallesinella herum zum Rifugio Tuckett, wo man auf den Weg Nr. 328 wechselt, der leicht abwärts zur Sella Fridolin führt. Dort nimmt man den Weg Nr. 318 zum Rifugio Brentei (2182 m). Von der herrlich gelegenen Schutzhütte geht es dann weiter auf Weg Nr. 318 durch das lange, aber beeindruckende Val di Brenta hinauf zur Bocca di Brenta (2552 m), dem höchsten Punkt der Wanderung. Auf der anderen Seite (Ostseite) wandert man kurz hinunter zum Rif. Pedrotti, nebenan auch Rif. Tosa. Der lange Abstieg nach Molveno erfolgt auf Weg Nr. 319, der durch das Val Massodi und Val delle Seghe verläuft und am Rif. Selvata vorbeiführt.

Alternativen: Man kann die Wanderung auch als Rundtour gestalten. Dazu startet man vom Passo Campo Carlo Magno und fährt wie oben beschrieben, mit der Seilbahn zum Passo del Grostè. Anschließend wandert man weiter zum Rif. Tuckett und zum Rif. Brentei. Ab dort Abstieg westseitig nach Vallesinella auf Weg Nr. 318 oder auf Nr. 323, anschließend 391. Alle Wege führen zum Rifugio Casinei und weiter hinunter zum Rif. Vallesinella. Eine Straße führt nach Madonna di Campiglio (1506 m) und hinauf zum Passo Campo Carlo Magno, Parkplatz der Grostè-Seilbahn (1680 m, Gesamtzeit 4 ½ Stunden).

Mühen: 500 m HU im Aufstieg, 1600 m im Abstieg. Diese Tour ist, was die alpinen Schwierigkeiten angeht, als nicht schwierig einzustufen. Sie ist allerdings lang und erfordert eine gute Kondition und Trittsicherheit. Der Weg ist nicht ausgesetzt. Klassische Sommertour.

Freuden: Herrliche Hochgebirgswanderung durch eine wunderschöne Landschaft. Völlig neues Panorama an der Bocca di Brenta. Der lange Abstieg erfolgt auf guten Wegen und führt nach Molveno zurück.

74 PALMIERIWEG

START

Ausgangspunkt
San Lorenzo in Banale

Anfahrt
Von Mezzocorona fährt man über Fai und Andalo nach Molveno, weiter nach San Lorenzo in Banale. Auffahrt zum Rif. al Cacciatore mit Taxidienst (gesperrte Straße). Von Trient (Trento) kommt man über Sarche nach Molveno.

Gehzeit
8 Stunden

Höhenunterschied
800 m im Aufstieg,
1600 m im Abstieg

Diese großartige Hochtour führt vom Val d'Ambiez ins Val Massodi. Der Palmieriweg (Sentiero Palmieri) ist kein Klettersteig, aber er bietet fantastische Ausblicke auf die Gipfel der Brenta-Dolomiten (Dolomiti di Brenta).

> **GUTSCHEINE**
>
> *Für dieses Gebiet und Umgebung siehe Seiten 221–223*

Der Weg: Ausgangspunkt der Bergwanderung ist San Lorenzo in Banale, 10 Kilometer südlich von Molveno. Von hier bringt ein Taxidienst den Wanderer mit Jeeps auf der ansonsten gesperrten Straße durch das Val d'Ambiez zum Rifugio al Cacciatore (1821 m). Auf Weg Nr. 325 geht man zunächst die Bergstraße entlang. Später biegt man links zum Rifugio Agostini (2410 m) ab. Der Palmieriweg, mit Nr. 320 markiert, führt anfangs fast eben nach Osten zum Passo Forcoletta di Noghera (2413 m). Dann quert er auf der Südseite die Felshänge des Cima Ceda-Massivs, wendet nach Nordwesten und bringt den Wanderer durch den weiten Talkessel der Pozza Tramontana (Val di Ceda) zum Rifugio Pedrotti (2486 m), dem höchsten Punkt der Tour. Hier beginnt auf Weg Nr. 319 der lange Abstieg durch das Val Massodi zum Rifugio Selvata. Beim Schutzhaus bleibt man auf dem Weg Nr. 319 und steigt direkt nach Molveno ab.

Alternativen: Man kann vom Rif. Selvata (1663 m) auch zum Rif. Croz dell'Altissimo (1430 m) und von dort zum Rif. Pradel (1367 m) absteigen. Mit dem Lift geht es dann zurück nach Molveno. Bei dieser Variante spart man sich fast 500 Höhenmeter im Abstieg. Bergwanderern, die Erfahrung mit Klettersteigen haben, sei der Sentiero Brentari vom Rif. Agostini über die Bocca di Tosa zum Rifugio Pedrotti empfohlen.

Mühen: 800 m HU im Aufstieg, 1600 m im Abstieg. Der Weg ist nicht besonders schwierig, verlangt aber eine gute Kondition und Trittsicherheit bzw. Schwindelfreiheit. Der Palmieriweg ist zwar etwas ausgesetzt, aber kein Klettersteig. Der Abstieg durch das Val Massodi ist nicht schwierig, aber lang und kann über Rif. Pradel und mithilfe des Sessellifts abgekürzt und erleichtert werden. Ausgesprochene Sommertour.

Freuden: Herrliche Hochgebirgstour in der südlichen Brentagruppe. Vom Rifugio Pedrotti, südlich der mächtigen Cima Brenta gelegen, bieten sich herrliche Ausblicke auf die Cima Daino. Insgesamt ein großartiges Bergerlebnis.

GUTSCHEINE

DEN ABSCHLUSS DIESES REISEFÜHRERS BILDEN DIE GUTSCHEINE.
Im Folgenden finden Sie 89 Gutscheine. Damit erhalten Sie in Südtirol und im Trentino auf verschiedene kulinarische Angebote, bei Übernachtungen und auf Produkte Preisnachlässe.
Diese Gutscheine werden Ihnen einen zusätzlichen Anreiz bieten, den vorgeschlagenen Routen zu folgen und herrliche Landschaften kennen zu lernen. Sie werden Orte, Gaststätten, Gasthöfe, Restaurants, Hotels, Seilbahnen und Freizeitangebote entdecken, die den „normalen" Wanderern und Genießern oftmals verborgen bleiben.

Wir wünschen Ihnen dabei gute Erholung – und beim Einlösen der Gutscheine viel Spaß!

VINSCHGAU

PARC HOTEL ★★★ˢ – SULDEN

60,00 €

Besonders herrlich ist ein Besuch im Sommer. Man sitzt auf der traumhaften Terrasse, atmet die glasklare Suldner Luft und sitzt wirklich in der ersten Reihe mit einzigartigem Blick auf die Schöntaufspitze und in das „Tal am End der Welt".

Gutschein im Wert von 60,00 € (für Bar und Restaurant) bei einem Mindestaufenthalt von 3 Nächten im Doppelzimmer für 2 Personen mit Halbpension

Kirchweg 130, I-39029 Sulden
Tel. +39 0473 613133, Fax +39 0473 613195
www.parc-hotel.it, hotel.parc@dnet.it
Öffnungszeiten: Sommer: 6. Juni bis 28. September
Winter: 28. Oktober bis 3. Mai
Kein Ruhetag

EINGELÖST AM   STEMPEL ODER UNTERSCHRIFT DES ANBIETERS

SEILBAHNEN SULDEN

13,00 €

Hoch hinauf mit der größten Luftseilbahn der Welt, in das Reich des König Ortler – höchster Berg Südtirols (3905 m).

*Gutschein im Wert von 13,00 €
bei zwei Fahrgästen fährt einer gratis
gilt von Juni bis Oktober*

Sulden 127, I-39029 Sulden am Ortler
Tel. +39 0473 613047, Fax +39 0473 613112
www.seilbahnensulden.it, info@seilbahnensulden.it
Öffnungszeiten: Juni bis Oktober
Kein Ruhetag

EINGELÖST AM   STEMPEL ODER UNTERSCHRIFT DES ANBIETERS

VINSCHGAU

SPORTHOTEL VETZAN ★★★★ – SCHLANDERS   100,00 €

Die Liebe zum Land entdecken …
Unser familiäres 4-Sterne Hotel mit herrlichem Panorama liegt im kleinen Dörfchen Vetzan, eingebettet in den schönsten Obstgärten des Vinschgaus. Zartrosa Blüten im Frühjahr, saftig grüne Apfelwiesen im Sommer und eine bunte Farbenpracht im Herbst – zu jeder Jahreszeit eine malerische Landschaft. Genießen Sie die familiäre Atmosphäre im Sporthotel, lassen Sie sich die kulinarischen Köstlichkeiten unserer Gourmetküche auf der Panorama-Terrasse schmecken oder erholen Sie sich im weißen Marmorhallenbad mit direktem Zugang zum großzügigen Gartenbereich mit Naturbiotop.

**Gutschein im Wert von 100 €
bei einer Wochenbuchung für 2 Personen im
Doppelzimmer mit Halbpension
(nicht gültig bei den
„30 Jahren Sporthotel-Spezial-Wochen")**

Vetzan 63, I-39028 Schlanders
Tel. +39 0473 742525, Fax +39 0473 742467
www.sporthotel-vetzan.com, info@sporthotel-vetzan.com
Öffnungszeiten: März bis Anfang Januar
Kein Ruhetag

EINGELÖST AM   STEMPEL ODER UNTERSCHRIFT DES ANBIETERS

VINSCHGAU | MERAN UND UMGEBUNG

KARNER WEIN PLUS – PRAD AM STILFSERJOCH

7,86 €

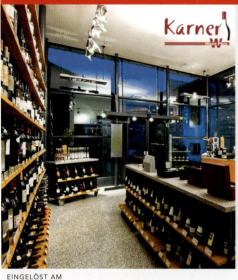

Die Fahrt zu Karner Wein Plus ins Dreiländer-Eck des Vinschgaus hinein verspricht eine Genießer-Reise tief in die Weinwelt: Südtiroler Spitzenwein, bekannte Größen und unbekannte Entdeckungen aus der nationalen und internationalen Weinszene, erlesene Destillate sowie feine Olivenöle erwarten Sie in einem ausgewählten Ambiente. Faire Preise, große Auswahl.

Gutschein für eine Flasche Barbera d'Asti Bric Cascina Ferro bei einem Einkauf von 60,00 €

Kiefernhainweg 74, I-39026 Prad am Stilfserjoch (BZ)
Tel. +39 0473 616012, Fax +39 0473 616780
www.karner.it, info@karner.it
Öffnungszeiten: Mo bis Fr 8–12 Uhr und 15–18.30 Uhr,
Sa 8–12 Uhr. Sonntag Ruhetag.

EINGELÖST AM

STEMPEL ODER UNTERSCHRIFT DES ANBIETERS

SCHWEBEBAHN ASCHBACH – RABLAND

Aschbach ist eine idyllische Bergfraktion der Gemeinde Algund und ein beliebtes Ausflugsziel mit herrlichem Ausblick und schönen Wanderungen durch Wiesen und Wälder. Durch die Schwebebahn erreichen Sie in wenigen Minuten dieses naturbelassene Paradies.

I-39020 Rabland-Partschins
Tel. +39 0473 967198, Fax +39 0473 967535
Öffnungszeiten: Ganzjährig
Kein Ruhetag

MERAN UND UMGEBUNG

SEILBAHN-GASTHAUS UNTERSTELL – NATURNS

5,00 €

Unser Gasthaus befindet sich am Naturnser Sonnenberg, direkt neben der Bergstation der Seilbahn Unterstell auf 1300 m. Hier können Sie bequem in den Meraner Höhenweg einsteigen. Zahlreiche Wandermöglichkeiten bieten sich an. Ebenso ist es ein idealer Startpunkt für Paragleiter. Genießen Sie die traumhafte Panoramalage bei einer herrlichen Aussicht über Naturns bis Meran oder in Richtung Vinschgau bis Latsch und Schlanders.
Weit ab von Lärm und Alltagsstress können Sie bei uns verweilen und die Ruhe genießen. In unserem Gasthaus erwartet Sie eine gute bürgerliche Südtiroler Küche.
Verschiedene Getränke, hausgemachte Kuchen und Kaffee runden unser Angebot ab.
Wir freuen uns auf Ihren Besuch! Ihre Familie Götsch

Gutschein im Wert von 5,00 €
bei einer Tischrechnung von 35,00 €

Gasthaus-Bergstation Unterstell
Sonnenberg 46, I-39025 Naturns
Tel. +39 0473 667747
www.unterstellhof.com, info@unterstellhof.com
Öffnungszeiten: Ganzjährig
Ruhetag: Freitag (außer September und Oktober)

Seilbahn Unterstell
Tel. +39 0473 668418
www.unterstell.it, info@unterstell.it
Betriebszeiten: Ganzjährig 8–19 Uhr

EINGELÖST AM   STEMPEL ODER UNTERSCHRIFT DES ANBIETERS

MERAN UND UMGEBUNG

SCHUTZHAUS HOCHGANG – NATURPARK TEXELGRUPPE — 3,00 €

Wo Natur noch zum Erlebnis wird!
Direkt am Meraner Höhenweg gelegen ist unsere Hütte eine gute Jausenstation. Wer die Einfachheit und das Urige sucht, wird dies in unserer neuen Hütte finden. In unmittelbarer Umgebung sind auch viele der alten Schalensteine zu entdecken.

Gutschein von 3,00 €
für Familien (erwachsene Person mit Kind)

Naturpark Texelgruppe, I-39020 Partschins
Tel. +39 0473 443310
www.hochganghaus.it, erlacher@hochganghaus.it
Öffnungszeiten: 1. Juni bis Ende Oktober
Kein Ruhetag

EINGELÖST AM   STEMPEL ODER UNTERSCHRIFT DES ANBIETERS

SPORT & FREIZEITMODE ROBE DI KAPPA – MERAN — 15,00 €

Große Auswahl an Jacken, Hosen, Pullover, Hemden, Trainingsanzügen, Turnschuhen und im Winter Skimode im italienischen Style. Alles in bester Qualität und zu günstigen Preisen.

Gutschein von 15,00 €
bei einem Einkauf von 100,00 €
bei höheren Beträgen immer 15%

Rennweg 27, I-39012 Meran
Tel. +39 0473 446800, Fax +39 0473 209861
rdk6@robedikappa.net
Öffnungszeiten: Ganzjährig
Sonntag Ruhetag

EINGELÖST AM   STEMPEL ODER UNTERSCHRIFT DES ANBIETERS

HOTEL ZIRMERHOF ★★★ s – RIFFIAN

30,00 €

Erleben Sie einen Ihrer schönsten Urlaube im Kreise der Gastgeber-Familie Ortner Schweigl, die noch Zeit für den Gast hat und sich persönlich um Ihr Wohlergehen bemüht!

Das beliebte ★★★ Superior Ferienhotel liegt – 4 km von Meran – in absolut schönster und ruhiger Panoramalage. Neue Zimmer mit herrlichem Ausblick und Apartments mit viel Freiraum für Familien. Im Preis inklusive: täglich neuer Wellnessbereich mit Garten, Hallenbad, Freibad mit Liegewiese in Panoramalage, Kinderbecken, Spielplatz, Tennisplatz, Mountainbikeverleih. Als qualitätsgeprüftes Vitalpina & Europa-Wanderhotel bieten wir Ihnen einen Aktivurlaub der besondern Art: wöchentlich 4 geführte Wanderungen mit Wanderführer und Nordic-Walking-Instruktor aus der Gastgeberfamilie. Die vielen Stammgäste schätzen nicht zuletzt die ausgezeichnete Gourmet-Küche, vom Juniorchef persönlich geführt; Produkte je nach Saison teilweise aus dem eigenen Garten! Ergänzt werden die leckeren Gerichte mit unserem Eigenbauwein!

**Gutschein von 30,00 €
pro Zimmer bei einem Aufenthalt von mindestens 7 Tagen
(Ausgenommen 10.08. bis 31.10.)**

Hohlgasse 40, I-39010 Riffian
Tel. +39 0473 241177, Fax +39 0473 241140
www.hotel-zirmerhof.com, info@hotel-zirmerhof.com
Öffnungszeiten: von März bis November
Kein Ruhetag

EINGELÖST AM   STEMPEL ODER UNTERSCHRIFT DES ANBIETERS

MERAN UND UMGEBUNG

BERGGASTHOF WALDE – RIFFIAN

5,00 / 35,00 €

In herrlicher Panoramalage über den Meraner Talkessel, am Meraner Höhenweg entlang, erwartet Sie unsere Tiroler Hausmannskost. Ausgangspunkt für zahlreiche Wanderwege im Naturpark Texelgruppe.

Gutschein im Wert von 5,00 €
bei einer Tischrechnung von 40,00 €
Gutschein im Wert von 35,00 € (Bar und Restaurant)
bei einem Mindestaufenthalt von 7 Tagen
für 2 Personen im Doppelzimmer mit Halbpension

Vernuer 24, I-39010 Riffian/Gfeis
Tel. / Fax +39 0473 241198
www.gasthof-walde.com, info@gasthof-walde.com
Öffnungszeiten: von März bis November
Donnerstag Ruhetag

EINGELÖST AM   STEMPEL ODER UNTERSCHRIFT DES ANBIETERS

HOTEL JAGER HANS ★★★ – ST. MARTIN

40,00 €

Die einladende Ferienadresse im Passeiertal für Ihren Wander- und Wellnessurlaub. Zentral gelegen für verschiedene Bergtouren. Die Bushaltestelle ist in unmittelbarer Nähe. Nach einem Ausflug in die Passeirer Berge ist der Wellnessbereich mit Hallenbad ein Genuss. Ein gutes Abendessen ist der gelungene Abschluss für einen erlebnisreichen Urlaubstag!

Gutschein im Wert von 40,00 €
(für Getränke)
ab einem Aufenthalt von 4 Übernachtungen/Halbpension

Dorfstraße 3, I-39010 St. Martin in Passeier
Tel. +39 0473 641253, Fax +39 0473 641078
www.jagerhans.com, info@jagerhans.com
Öffnungszeiten: 03.04. bis 08.11.

EINGELÖST AM   STEMPEL ODER UNTERSCHRIFT DES ANBIETERS

FAMILIENALM TASER – SCHENNA

8,00 / 8,50 €

MERAN UND UMGEBUNG

Die Philosophie der Familienalm Taser, die erste Südtirols, verbindet die einzigartig sonnige und ruhige Lage mit individueller Betreuung, einer hervorragenden Küche, einem persönlichen Service und einer familiär überschaubaren Atmosphäre.
Die Kinder finden zu ihrem Vergnügen einen Bergzoo, ein Indianerdorf mit Spielpark und einen Hochseilklettergarten. Die Erwachsenen eine Almspa mit Hallenbad und Sauna, Almchalets mit Ferienwohnungen und einen Almgasthof mit Sonnenterrasse und Wintergarten. Für die Hausgäste wird eine aufmerksame Betreuung für die Kinder angeboten sowie allerlei kinderfreundliche Aufmerksamkeiten: Kindersets, Kinderspeisekarte zum Bemalen, Kindermenüs auch mit Südtiroler Spezialitäten, Mittagstisch mit Betreuung, Kinderbüffet in Kinderhöhe, Rückentragen, Buggies und vieles mehr.

Gutschein im Wert von 8,00 €
bei einer Tischrechnung von 48,00 €

Gutschein im Wert von 8,50 €
(eine Berg- und Talfahrt)
bei zwei zahlenden Fahrgästen

Bergstraße 33, I-39017 Schenna
Tel. +39 0473 945615, Fax +39 0473 945488
www.familienalm.com, info@familienalm.com
Öffnungszeiten:
Ostern bis Allerheiligen und
Weihnachten bis Anfang Januar
Kein Ruhetag

EINGELÖST AM   STEMPEL ODER UNTERSCHRIFT DES ANBIETERS

MERAN UND UMGEBUNG

GÖTZFRIED KELLER – LANA

6,00 €

Südtiroler Köstlichkeiten mit viel Liebe zubereitet. Eigenbauweine, selbstgemachte Säfte und Marmeladen.
Uriger Weinkeller, Streichelzoo und Kinderspielplatz.
Kostenloser Shuttledienst auf Anfrage.

Gutschein im Wert von 6,00 €
(1 Flasche Eigenbau Zweigelt, Blauburgunder oder Kerner)
bei einer Mindestrechnung von 35,00 €

Ackpfeif 3, I-39011 Lana – Gampenstraße
Tel. +39 0473 562772, Mobil +39 336 451817
www.goetzfried.it, info@goetzfried.it
Öffnungszeiten: Mitte März bis Mitte Juni und
Mitte August bis Mitte November
Dienstag Ruhetag

EINGELÖST AM   STEMPEL ODER UNTERSCHRIFT DES ANBIETERS

ÖNOTHEK PIRCHER – LANA

9,90 €

In unserer Önothek finden Sie mehr als eine entspannte, angenehme Atmosphäre. Hier präsentieren wir Ihnen unsere hochwertigen Edelbrände und Liköre. Neben der großen Auswahl an Obst- und Tresterbränden, Likören und Weinen verschiedener Anbaugebiete erwartet Sie eine kleine, feine Auswahl naturreiner, kaltgepresster Olivenöle, Balsam-Essige und vieles mehr.

Gutschein im Wert von 9,90 €
(ein Mini-Flachmann) bei einem Einkauf von 100,00 €

Bozner Straße 17, I-39011 Lana
Tel. +39 0473 558000, Fax +39 0473 558080
www.pircher.it, info@pircher.it
Öffnungszeiten: Mo bis Fr 8–12 Uhr / 14–18.30 Uhr
Sa 9–12 Uhr

EINGELÖST AM   STEMPEL ODER UNTERSCHRIFT DES ANBIETERS

MERAN UND UMGEBUNG

VIGILJOCH-SEILBAHN UND -SESSELLIFT – LANA

8,00 €

In nur 5½ Minuten gelangen Sie Dank modernster Technik auf das autofreie Vigiljoch, das ganz der Natur und dem Natürlichen verschrieben ist.

Gutschein im Wert von 8,00 €
(für 2 Sesselliftfahrten) bei zwei Seilbahnfahrkarten
für Berg- und Talfahrt

Villenerweg 3, I-39011 Lana
Tel. / Fax +39 0473 561333
www.vigilio.com, info@vigilio.com
Öffnungszeiten: Ganzjährig
Kein Ruhetag

EINGELÖST AM   STEMPEL ODER UNTERSCHRIFT DES ANBIETERS

GASTHOF JOCHER – LANA/VIGILJOCH

30,00 €

Erleben Sie einen unkomplizierten Urlaub in gepflegter Atmosphäre! Auf 1745 m Höhe – inmitten eines wunderschönen Wandergebiets – liegt unser Gasthof zwischen Bergen, Wiesen, Almen und idyllischen Orten. Erreichbar über die Seilbahn Vigiljoch.

Gutschein im Wert von 30,00 €
bei einem Aufenthalt von 3 Nächten für 2 Personen
mit Halbpension im Doppelzimmer

Pawigl 16, I-39011 Lana
Tel. / Fax +39 0473 556008
www.jocher.it, info@jocher.it
Öffnungszeiten: Sommer: 1. April bis Mitte November
Winter: Dezember bis Februar
Ruhetag: Freitag (April, Mai, Juni)

EINGELÖST AM   STEMPEL ODER UNTERSCHRIFT DES ANBIETERS

MERAN UND UMGEBUNG

BERG- UND SKIFÜHRER MARKUS STAFFLER – LANA — 15%

International anerkannter Berg-, Ski und Canyonführer. Für unvergessliche Erlebnisse im sommerlichen oder winterlichen Gebirge: geführte Gletscher-, Kletter- und Skitouren im gesamten Alpengebiet.

**Gutschein im Wert von 15%
für Touren im Burggrafenamt (Meran und Umgebung)**

*Johann-Kravogl-Straße 10, I-39011 Lana
Tel. +39 0473 560975, Mobil +39 339 8205638
stafflerm@dnet.it
Touren: Ganzjährig*

EINGELÖST AM   STEMPEL ODER UNTERSCHRIFT DES ANBIETERS

HÖCHSTERHÜTTE – ST. GERTRAUD — 5,00 €

Am Ende eines urigen Bergtales, inmitten von Bergseen und Gletscherlandschaft bewirten wir Sie mit natürlichen Produkten.

**Gutschein im Wert von 5,00 €
für eine Übernachtung in der Hütte**

*Weißbrunn, I-39016 St. Gertraud / Ultental
Tel. / Fax +39 0473 798120
www.rifugiocanziani.it, info@rifugiocanziani.it
Öffnungszeiten: Juni bis Oktober
Kein Ruhetag*

EINGELÖST AM   STEMPEL ODER UNTERSCHRIFT DES ANBIETERS

BRENNEREI KAPAURER – ST. WALBURG/ULTENTAL

5,00 €

Privatbrennerei mit hochwertigen Produkten, die vom Besitzer selbst – von der Rezeptur bis zur Abfüllung – entwickelt wurden. Brände, Geiste, Kräuterbitter, Grappas, Liköre, Creamliköre, Sirupe und immer wieder etwas Neues. Fachkundige Beratung.

*Gutschein im Wert von 5,00 €
bei einem Einkauf von 100,00 €*

St. Walburg 2, I-39016 St. Walburg/Ultental
Tel. +39 0473 795050, Fax +39 0473 796291
www.kapaurer.com, brennerei@kapaurer.com
Öffnungszeiten: Mo bis Fr 10–12.30 Uhr und 14–18 Uhr,
Sa 9–12.30 Uhr
Ruhetag: Sonntag

EINGELÖST AM   STEMPEL ODER UNTERSCHRIFT DES ANBIETERS

GASTHOF ALPENROSENHOF – PENSER JOCH

10,00 €

Hoch auf dem Penser Joch mit 360° Rundblick auf die Stubaier, Sarntaler und Zillertaler Alpen. Idealer Ausgangspunkt zu mehreren Wanderungen auf dem München-Venedig-Fernwanderweg bekannt durch die Alpenrosenblüte Mitte bis Ende Juni.

*Gutschein im Wert von 10,00 €
bei einem Mindestbetrag von 100,00 €
für Unterkunft / Restaurant*

Penserjoch 29, I-39049 Sterzing
Tel. +39 0472 647170, Mobil +39 339 4148794
www.penserjoch.com
Öffnungszeiten: Mai bis Oktober
Kein Ruhetag

EINGELÖST AM   STEMPEL ODER UNTERSCHRIFT DES ANBIETERS

BOZEN – RITTEN – SARNTAL – UNTERLAND

RITTNERHORN SEILBAHNEN – KLOBENSTEIN — 20%

Die 8er-Kabinenbahn führt in kurzer Zeit vom großen Parkplatz in Pemmern Klobenstein zu der Schwarzseespitze. Die Bergstation ist Ausgangspunkt für den neu angelegten Panoramaweg (1,5 Std), der bei dem Runden Tisch, wo Sie über das Panorama informiert werden, vorbeiführt.

Gutschein im Wert von 20%
auf den Normalpreis für Berg- und Talfahrt

Tannstraße 21, I-39054 Klobenstein/Ritten
Tel. +39 0471 352993, +39 0471 358801
www.rittnerhorn.com, info@rittnerhorn.com
Öffnungszeiten: Sommer: Mitte März bis Anfang November
Winter: Mitte Dezember bis Mitte März
Kein Ruhetag

EINGELÖST AM — STEMPEL ODER UNTERSCHRIFT DES ANBIETERS

BERGHOTEL CAFÉ RESTAURANT ZUM ZIRM ★★★ – KLOBENSTEIN — 15,00 €

Während die Eltern sich in der neuen Wellnessanlage entspannen, vergnügen sich die Kids auf dem Kinderspielplatz mit Indianerzelt. Genießen Sie täglich Gerichte der schmackhaften Südtiroler Küche in unserem Mittagsrestaurant und hausgemachte Kuchen, Eis-Spezialitäten auf unserer Panoramasonnenterrasse.

Gutschein im Wert von 15,00 €
(eine Flasche Rotwein St. Magdalener Zum Zirm)
bei einer Tischrechnung von 55,00 €

Tannstraße 19, I-39054 Klobenstein am Ritten
Tel. +39 0471 356486, +39 0471 356560
www.zumzirm.com, info@zumzirm.com
Öffnungszeiten: Ganzjährig
Restaurant-Café Dienstag Ruhetag

EINGELÖST AM — STEMPEL ODER UNTERSCHRIFT DES ANBIETERS

BOZEN – RITTEN – SARNTAL – UNTERLAND

GASTHOF TOMANEGGER – JENESIEN

5,00 €

Genießen Sie unsere hausgemachten Tiroler Gerichte auf der Panoramaterrasse mit Blick auf den Rosengarten und Latemar. Schon unser 400 Jahre alter Ahornbaum ist zu jeder Jahreszeit einen Besuch wert.

**Gutschein im Wert von 5,00 €
bei einer Tischrechnung von 35,00 €**

Flaaser Straße 24, I-39050 Jenesien
Tel. / Fax +39 0471 340008
Öffnungszeiten: Ganzjährig
Mittwoch Ruhetag

EINGELÖST AM   STEMPEL ODER UNTERSCHRIFT DES ANBIETERS

HOTEL RESIDENCE ROSA ★★★ – S. LUGANO/TRUDEN

30,00 €

In San Lugano, in der Nähe von Cavalese, am Eingang des Fleimstales im Naturpark Trudner Horn, liegt unser Hotel. Spezialangebote im Juni, Juli, September und Oktober. Für begeisterte Wanderer bieten wir kostenlos geführte Wanderungen im Naturpark Trudner Horn.

**Gutschein im Wert von 30,00 €
(für Getränke) bei einem Mindestaufenthalt von 3 Nächten
im Doppelzimmer für 2 Personen mit Halbpension**

Diobono Platz 1, I-39040 S. Lugano/Truden
Tel. +39 0471 887024, Fax +39 0471 887024
www.hotel-rose.it, info@hotel-rose.it
Öffnungszeiten: Sommer: Juni bis Ende Oktober,
Winter: Dezember bis Ende April
Montag Ruhetag. Juli und August kein Ruhetag

EINGELÖST AM   STEMPEL ODER UNTERSCHRIFT DES ANBIETERS

BOZEN – RITTEN – SARNTAL – UNTERLAND

CANYON RIO SASS – FONDO

6,00 €

Die historische Ortsmitte von Fondo wird durch eine tiefe Schlucht in zwei Teile geteilt.

Ein Naturschauspiel von unvergleichlicher Schönheit, das Wildwasser von Rio Sass hat diesen Naturschatz aus Felsgestein ausgehoben. Seit 2001 können die Besucher dank Stege und Treppen strudelartige Gewässer, Wasserfälle, Stalaktiten, Stalagmiten und Fossilien bewundern.

Anderthalb Stunden unvergessliche Emotionen in Begleitung eines Führers, der Sie in die Geheimnisse des Canyons Rio Sass einführen wird.

Die Besucher erhalten einen wasserdichten Umhang, einen Schutzhelm und ein Empfangsgerät, mit dem sie den Erklärungen des Führers folgen können.

Voranmeldung erforderlich.

**Gutschein im Wert von 6,00 €
bei zwei zahlenden Personen**

Piazza San Giovanni 32, I-38013 Fondo (TN)
Tel. / Fax +39 0463 850000
www.canyonriosass.it, smeraldo@fondo.it
Öffnungszeiten: März bis November

EINGELÖST AM — STEMPEL ODER UNTERSCHRIFT DES ANBIETERS

BOZEN – RITTEN – SARNTAL – UNTERLAND | EISACKTAL UND WIPPTAL

HOTEL RESTAURANT SCHWARZHORN – JOCHGRIMM   5,00 / 10,00 €

Traumlage in 2000 m Höhe auf dem Jochgrimm, inmitten herrlicher Natur: geschaffen zum Erleben und Genießen fern von überlaufenen Modezielen. Ideal für Ihren Winter- und Sommerurlaub.

**Gutschein im Wert von 5,00 €
bei einer Tischrechnung von 35,00 €**

**Gutschein im Wert von 10,00 €
bei einem Aufenthalt von 1 Nacht für 2 Pers. im DZ mit HP**

Jochgrimm – Lavazèjoch
Tel. +39 0471 887180, Fax +39 0471 887179
www.jochgrimm.com, info@schwarzhorn.com
Öffnungszeiten: Sommer: Mitte Juni bis Mitte September
Winter: Dezember bis April

EINGELÖST AM   STEMPEL ODER UNTERSCHRIFT DES ANBIETERS

FREIZEITBERG ROSSKOPF – STERZING   11,00 €

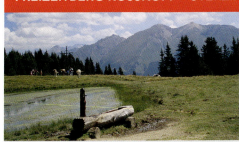

Sterzings Freizeitberg – in wenigen Gehminuten vom historischen Zentrum entfernt startet die Seilbahn zum Rosskopf. Ideal für Familien – unzählige Wanderungen, von leicht bis anspruchsvoll mit herrlichem Rundblick zu den Stubaier und Zillertaler Alpen.

**Gutschein im Wert von 11,00 €
für eine Berg- und Talfahrt**

Brennerstraße, I-39049 Sterzing
Tel. +39 0472 765521
www.rosskopf.com, info@rosskopf.com
Öffnungszeiten: Sommer: Juni–Oktober,
Winter: Dezember–April

EINGELÖST AM   STEMPEL ODER UNTERSCHRIFT DES ANBIETERS

EISACKTAL UND WIPPTAL

HOTEL JAUFENTALERHOF ★★★ – RATSCHINGS 40,00 €

... inmitten einer Oase der Ruhe, umringt von wundervollen Wäldern und Bergen, sehr ruhig gelegen am Ende des Tales. Neuer Wellnessbereich, eigene Almhütte mit Grillfesten im Sommer und Fackelwanderungen mit Glühweintrinken und Rodelspaß im Winter.

Gutschein im Wert von 40,00 €
(2 Fußmassagen mit Latschenkiefertonikum)
bei einem Mindestaufenthalt von 7 Tagen
für 2 Personen im Doppelzimmer

Jaufental 11/A, I-39040 Ratschings-Sterzing
Tel. +39 0472 765030, +39 0472 767794
www.jaufentalerhof.com, info@jaufentalerhof.com
Öffnungszeiten: Dezember bis Allerheiligen

EINGELÖST AM   STEMPEL ODER UNTERSCHRIFT DES ANBIETERS

BERGHOTEL-RESTAURANT SCHLEMMER ★★★ – AFERS 20% / 30,00 €

Das Ski- und Wanderhotel Schlemmer, fernab von Hektik und Verkehr und herrlichem Ausblick auf die Geisler Dolomiten. Direkt am Ausgangspunkt zahlreicher Wanderungen.

Gutschein im Wert von 20%
auf den Betrag Ihrer Restaurantrechnung oder
Gutschein im Wert von 30,00 € (Bar & Restaurant)
bei mindestens 2 Übernachtungen für 2 Personen

Palmschoss 294/5, I-39042 Afers/Plose
Tel. +39 0472 521306, Fax +39 0472 521236
www.berghotel-schlemmer.com, info@berghotel-schlemmer.com
Öffnungszeiten: Winter: 20. Dezember bis Ostern,
Sommer: 20. Mai bis Mitte Oktober
Mittwoch Ruhetag (im Sommer)

EINGELÖST AM   STEMPEL ODER UNTERSCHRIFT DES ANBIETERS

EISACKTAL UND WIPPTAL

HOTEL FERNBLICK ★★★ – BRIXEN

40,00 €

Genießen Sie den herrlichen Blick über Brixen und die umliegenden Berge. Sonnige, ruhige Lage. Sommerfreuden im Schwimmbad mit Liegewiese oder unterwegs zu den zahlreichen Wanderzielen in der Umgebung unseres Hotels.

**Gutschein im Wert von 40,00 €
(für Bar oder Restaurant) bei einem Mindestaufenthalt von 3 Nächten für 2 Personen im Doppelzimmer**

St. Leonhard 96/A, I-39042 Brixen
Tel. / Fax +39 0472 834745
www.fernblick.com, hotel.fernblick@rolmail.net
Öffnungszeiten: Ganzjährig
Kein Ruhetag

EINGELÖST AM   STEMPEL ODER UNTERSCHRIFT DES ANBIETERS

EISACKTAL UND WIPPTAL

NATURIDYLL-HOTEL BERGSCHLÖSSL ★★★★ – LÜSEN

100,00 €

Alpensymphonie sind die sanften Töne unserer ruhigen Lage am Fuße des Peitlerkofels, Freudentänze für die Seele erleben Sie in unserer Wellnessoase mit fantastischem Blick auf die umliegende Bergwelt und Gaumensymphonie beim Genießen unserer herrlichen Speisen. Ein Platz für kreative Geister, wo die Besitzerfamilie selbst Musik spielt und Kurse gibt.
Im Sommer dank der naheliegenden wunderschönen Bergwanderungen und im Winter der leichten Schneeschuhwanderungen, das ideale Urlaubsziel für alle Südtirol-Liebhaber.

Gutschein im Wert von 100,00 €
(in Form von Wellnessgutschein)
bei einem Mindestaufenthalt von für 7 Tagen
für 2 Personen im Doppelzimmer

Lüsner Straße 24, I-39040 Lüsen
Tel. +39 0472 413933, Fax +39 0472 413649
www.bergschloessl.com, info@bergschloessl.com
Öffnungszeiten: Ganzjährig
Kein Ruhetag

EINGELÖST AM

STEMPEL ODER UNTERSCHRIFT DES ANBIETERS

EISACKTAL UND WIPPTAL

HOTEL TYROL ★ ★ ★ s – VILLNÖSS

60,00 €

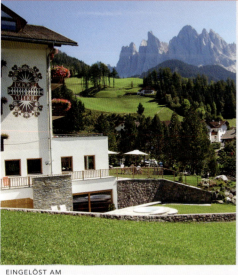

Das Hotel Tyrol liegt im ruhigen Villnößtal, auf 1300 m am Fuße der Geislerspitzen und des Naturpark Puez Geisler.

Gutschein im Wert von 60,00 €
(2 erholsame Rückenmassagen)
bei einem Mindestaufenthalt von 5 Nächten
für 2 Personen im Doppelzimmer mit Halbpension

St. Magdalena 105, I-39040 Villnöß
Tel. +39 0472 840104, Fax +39 0472 840536
www.tyrol-hotel.eu, info@tyrol-hotel.eu
Öffnungszeiten: Sommer: April bis November
Winter: Dezember bis März
Dienstag Ruhetag

EINGELÖST AM   STEMPEL ODER UNTERSCHRIFT DES ANBIETERS

KLAUSNER HÜTTE – LATZFONS

7,00 €

In herrlicher Position gelegen bietet unser Schutzhaus einen unvergesslichen Panoramablick über die Dolomiten. Dabei servieren wir Ihnen eine gute heimische Küche – alles täglich frisch und hausgemacht. Doppelzimmer, Einzelzimmer und Lager mit insgesamt 21 Betten.

Gutschein im Wert von 7,00 €
(für Speisen und Getränke) bei einem Mindestaufenthalt
von 2 Nächten für 2 Personen

Latzfons 141, I-39043 Klausen
Tel. +39 339 7133342
www.klausen.it, salonalberta@alice.it
Öffnungszeiten: Anfang Mai bis Ende Oktober
Kein Ruhetag

EINGELÖST AM   STEMPEL ODER UNTERSCHRIFT DES ANBIETERS

PUSTERTAL UND SEITENTÄLER

HOTEL RESTAURANT ANTERMOIA ★★★ – ANTERMOIA — 20,00 €

Herzlich Willkommen im Wander-Paradies in den Dolomiten. Grüß Gott im Antermoia. Auf 1515 Metern leben Sie hoch …

**Gutschein im Wert von 20,00 €
bei einem Mindestaufenthalt von 4 Tagen
im Doppelzimmer für 2 Personen mit Halbpension**

Str. S. Antone 51, I-39030 St. Martin in Thurn-Antermoia
Tel. +39 0474 520049, Fax +39 0474 520070
www.hotelantermoia.com, info@hotelantermoia.com
Öffnungszeiten:
Sommer: Mai bis Oktober,
Winter: Dezember bis Ostern
Kein Ruhetag

EINGELÖST AM   STEMPEL ODER UNTERSCHRIFT DES ANBIETERS

HOTEL RESTAURANT PIDER ★★★ˢ – LA VAL — 70,00 €

Sonnige Lage im Zentrum des Bergdorfes mit eindrucksvollem Blick auf die imposanten Bergmassive der Dolomiten. Idealer Ausgangspunkt für zahlreiche Wanderungen. Vielfältige Köstlichkeiten aus der ladinischen und italienischen Küche.

**Gutschein im Wert von 70,00 €
(für Bar oder Restaurant)
bei einem Mindestaufenthalt von 6 Tagen
für 2 Personen im Doppelzimmer mit Halbpension**

San Senese 22, I-39030 La Val
Tel. +39 0471 843129, Fax +39 0471 843281
www.pider.info, reception@pider.info
Öffnungszeiten: Ganzjährig

EINGELÖST AM   STEMPEL ODER UNTERSCHRIFT DES ANBIETERS

HOTEL TRATTERHOF ★★★★ – MERANSEN

100,00 €

Traumhaft gelegen am sonnigen Hochplateau Meransen verbringen Sie im Tratterhof zu jeder Jahreszeit einen unvergesslichen Urlaub. Der Blick auf die Dolomiten und das Eisacktal ist atemberaubend! Naturbelassene Stuben, Suiten und Zimmer, der Weinkeller sowie ein großer Wellnessbereich versprechen Erholung pur.

**Wellness-Gutschein im Wert von 100,00 €
bei einem Mindestaufenthalt von 7 Tagen für 2 Personen
im Doppelzimmer mit ¾ Pension**

Meransen 27, I-39037 Mühlbach
Tel. +39 0472 520108, Fax +39 0472 522396
www.tratterhof.com, info@tratterhof.com
Öffnungszeiten: Sommer: Mitte Mai bis Anfang November,
Winter: Mitte Dezember bis Ostern

EINGELÖST AM   STEMPEL ODER UNTERSCHRIFT DES ANBIETERS

KRONPLATZ SEILBAHN AG – BRUNECK

6,50 €

Genusswandern am Kronplatz.
Der Kronplatz eignet sich als Wandergebiet für jedermann. Mit der Seilbahn erreichen Sie bequem ein einzigartiges Plateau.
Der Brunecker Panoramaberg mit 360° Blick auf die Dolomiten.
Schöner, familienfreundlicher Wanderweg und Friedensglocke mit Panoramarelief.

**Gutschein im Wert von 6,50 €
auf eine Tageskarte von 13,00 €**

Seilbahnstraße 10, I-39031 Bruneck
Tel. 0474 548225, Fax 0474 549039
www.kronplatz.com, bruneck@kronplatz.org
Betriebszeiten: 9–12 und 13.15–17 Uhr

EINGELÖST AM   STEMPEL ODER UNTERSCHRIFT DES ANBIETERS

PUSTERTAL UND SEITENTÄLER

HOTEL KREUZBERGPASS ★★★★ – SEXTEN — 75,00 €

Dem Himmel ein Stück näher – auf 1636 Metern.
Ein ganz besonderer Platz, der durch seine gigantische Berg- & Naturkulisse der Dolomiten sowie mit seiner familiären Gastfreundschaft begeistert. Auf 1636 Metern Höhe an einem alten Gebirgspass und am Eingang zum Sextner Naturpark gelegen, haben die Gäste sommers wie winters zahlreiche Sportmöglichkeiten: geführte Wander- und Klettertouren, Golfen, Tennis, Mountainbiken, Skivergnügen auf der hauseigenen Skipiste mit privater Skischule (Skiverleih im Haus).
Entspannung und Regeneration für Körper, Geist & Seele finden Sie im 600 m² großen Spa Center mit Hallenbad, Sauna, Dampfbad, Fitnessraum, Kur- & Beautybereich.
Küche & Keller haben einen besonderen Stellenwert: in den vier Restaurants werden die Gäste mit einer raffinierten, puristischen und zugleich aromenstarken Gourmetküche verwöhnt (À-la-Carte-Haubenrestaurant „Zwergenreich" – 14 Punkte Gault Millau).
Der begehbare Weinkeller aus historischen Ziegeln birgt eine bestsortierte, große Auswahl von Spitzenweinen wie Raritäten aus Italien & Frankreich (300 Etiketten). Große Sonnenterrasse mit Panoramablick.

Gutschein im Wert von 75,00 €
(eine Vollmassage) bei einem Mindestaufenthalt
von 3 Tagen für 2 Personen im Doppelzimmer
mit Halbpension

St.-Josef-Straße 55, I-39030 Sexten
Tel. +39 0474 710328, Fax +39 04674 710383
www.kreuzbergpass.com, hotel@kreuzbergpass.com
Öffnungszeiten: Sommer: Ende Mai bis Oktober
Winter: Mitte November bis nach Ostern
Kein Ruhetag

EINGELÖST AM — STEMPEL ODER UNTERSCHRIFT DES ANBIETERS

SPORT & FREIZEITMODE ROBE DI KAPPA – BRUNECK

15,00 €

PUSTERTAL UND SEITENTÄLER | DOLOMITEN

Große Auswahl an Jacken, Hosen, Pullover, Hemden, Trainingsanzügen, Turnschuhen und im Winter Skimode im italienischen Style. Alles in bester Qualität und zu günstigen Preisen.

**Gutschein von 15,00 €
bei einem Einkauf von 100,00 €
bei höheren Beträgen immer 15%**

Hauptstraße 1, I-39031 Bruneck
Tel. +39 0474 531312
rdk34@robedikappa.net
Öffnungszeiten: Ganzjährig
Sonntag Ruhetag

EINGELÖST AM — STEMPEL ODER UNTERSCHRIFT DES ANBIETERS

GASTHOF-RESTAURANT GASSERHOF ★★★ – EGGEN

5,00 / 20,00 €

Ein „Dorfgasthaus" im wahrsten Sinn des Wortes, das von der Besitzerfamilie noch selbst geführt wird. Ein Gasthof mit dem ganzen Komfort eines 3-Sterne-Hauses und einem Chef, der noch selbst am Herd steht und gerne kocht.

**Gutschein im Wert von 5,00 €
bei einer Tischrechnung von 30,00 €**

**Gutschein im Wert von 20,00 €
bei einem Mindestaufenthalt von 3 Nächten
für 2 Personen im DZ**

Dorf 6, I-39050 Eggen
Tel. +39 0471 615882, Fax +39 0471 618135
www.gasserhof.it, info@gasserhof.it

EINGELÖST AM — STEMPEL ODER UNTERSCHRIFT DES ANBIETERS

DOLOMITEN

SCHUTZHÜTTE PISAHÜTTE – LATEMAR — 5,00 €

Von der einmaligen Panoramalage unserer Schutzhütte aus genießen Sie einen 360°-Rundblick auf die Dolomiten, die Texelgruppe, Ortler, Cevedale, Similaun und die Brentagruppe. Stärken Sie sich auf unserer Terrasse mit Gerichten der typisch Trentiner Küche. Außerdem bieten wir über 20 Lagerplätze zur Übernachtung an.

Gutschein im Wert von 5,00 €
bei einer Mindestrechnung von 30,00 €

Cima Cavignon (2671 m) – Latemar
Tel. +39 0462 501564
Öffnungszeiten: Mitte Juni bis Mitte Oktober
Kein Ruhetag

EINGELÖST AM — STEMPEL ODER UNTERSCHRIFT DES ANBIETERS

RESTAURANT-JAUSENSTATION ZISCHGALM – DEUTSCHNOFEN — 9,00 €

Die Zischgalm ist ein leicht erreichbares Wanderziel und Ausgangspunkt für Gipfeltouren im Latemargebiet. In unserem Restaurant verwöhnen Sie Ihren Gaumen mit traditionellen Südtiroler Gerichten. Bei einem gemütlichen Karterle auf unserer großzügigen Sonnenterrasse können Sie unsere hausgemachten Kuchen probieren. Unsere bezaubernde Bergwelt erwartet Sie!

3 Schnäpse (im Wert von 9,00 €)
bei einer Tischrechnung von 30,00 €

Obereggen 38, I-39050 Deutschnofen
Tel. / Fax +39 0462 813600, Mobil +39 335 6299944
www.zischgalm.it, info@zischgalm.it
Öffnungszeiten: Sommer: 1. Juli bis Ende September
Winter: 1. Dezember bis Ostern, kein Ruhetag

EINGELÖST AM — STEMPEL ODER UNTERSCHRIFT DES ANBIETERS

DOLOMITEN

SPORT- UND ERHOLUNGSHOTEL PINÉ ★★★ – TIERS — 60,00 €

Inmitten der Dolomiten - idealer Ausgangspunkt für Wanderungen und Klettertouren. Ruhige Lage am Fuße des Rosengartens in familiärer Atmosphäre. Komfortable Zimmer, abwechslungsreiche Küche, Tennis (Sandplatz), Freibad mit Liegewiese, Hallenbad, Fitnessraum, Solarium, Sauna, Massage, Whirlpool, Billard, Tischtennis, Tischfußball.

**Gutschein im Wert von 60,00 €
bei einer Buchung im Doppelzimmer für mindestens 4 Tage**

Weißlahn 10, I-39050 Tiers
Tel. +39 0471 642272, Fax +39 0471 642276
www.pine.it, info@pine.it
Öffnungszeiten: Sommer: Mai bis November,
Winter: Weihnachten und Ostern

EINGELÖST AM   STEMPEL ODER UNTERSCHRIFT DES ANBIETERS

TSCHAFONHÜTTE – TIERS — 5,00 €

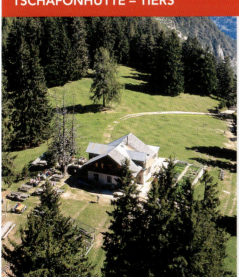

Wir legen sehr großen Wert auf „Gesundes aus unserem Bauerngarten". Auch Beeren aus dem heimischen Wald (Preiselbeeren, Erdbeeren, Himbeeren, Heidelbeeren) werden zubereitet und erweitern unser Angebot. Vom Brennnesselomelette bis zu Salaten aus dem eigenen Garten – hier finden Sie für jeden Geschmack das passende Essen. Auch Familien mit Kindern sind herzlichst willkommen. Auf der großen ebenen Wiese gibt es viel Platz zum Austoben.

**Gutschein im Wert von 5,00 € (2 Schnäpse)
bei einer Mindestrechnung von 20,00 € (gültig von Mo–Sa)**

Weißlahn 43, I-39050 Tiers
Tel. +39 347 8131152
Öffnungszeiten: Ostern bis Allerheiligen.
Kein Ruhetag

EINGELÖST AM   STEMPEL ODER UNTERSCHRIFT DES ANBIETERS

DOLOMITEN

HOTEL GRAN MUGON ★★★ – VIGO DI FASSA — 50,00 €

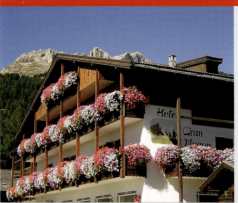

Im typisch alpinen Stil erbaut und in ruhiger Lage, zwischen dem Karerpass und dem Fassatal, oberhalb Vigo di Fassa liegt unser kleines Hotel. Seit Januar 2009 haben wir einige neue Suiten, Junior Suiten mit herrlichem Blick ins Tal und einen Wellnessbereich mit Außen-Whirlpool zu bieten.

Unser Hotel ist ein Partnerbetrieb der Initiative „Sagenhaftes Trekking-Wandern im Val di Fassa", die mehrere geführte Wanderungen in den schönsten Landschaften der Dolomiten von Anfang Juni bis Mitte September anbietet.

Für Wanderer halten wir aber auch viele gute Tipps sowie Wanderführer, Bücher und Kartenmaterial bereit.

Neu ist auch unser Gourmet-Restaurant „L Chimpl", in dem heimische traditionelle Küche, verfeinert mit viel Kreativität und Liebe, angeboten wird. Alles ist hausgemacht und wird frisch zubereitet!

Im Sommer und Winter ist unser Hotel Gran Mugon die ideale Adresse für Ihren Urlaub im Rosengarten- und Fassagebiet.

Gutschein im Wert von 50,00 €
(für Bar oder Restaurant)
bei einem Mindestaufenthalt von 4 Nächten
im Doppelzimmer mit Halbpension für 2 Personen

Strada de Tamion 3, I-38039 Vigo di Fassa
Tel. / Fax +39 0462 769108
www.hotelgranmugon.com, info@hotelgranmugon.com
Öffnungszeiten:
Sommer: Mitte Juni bis Oktober
Winter: Anfang Dezember bis nach Ostern
Kein Ruhetag

EINGELÖST AM — STEMPEL ODER UNTERSCHRIFT DES ANBIETERS

DOLOMITEN

BERGHOTEL NEGRITELLA – POZZA DI FASSA — 60,00 €

Im Herzen des Rosengartens in unmittelbarer Nähe von zahlreichen Wanderwegen im Sommer und Skipisten im Winter, liegt unser renoviertes Berghotel. Genießen Sie den herrlichen Blick aus unseren neuen Zimmern.

**Gutschein im Wert von 60,00 €
bei einem Mindestaufenthalt von 3 Nächten
für 2 Personen im Doppelzimmer**

Ciampedie, I-38036 Pozza di Fassa
Tel. +39 0462 760276, Tel. +39 335 6535126
www.negritella.net, info@negritella.net
Öffnungszeiten: Sommer: Juni bis Oktober
Winter: Dezember bis Ostern, kein Ruhetag

EINGELÖST AM   STEMPEL ODER UNTERSCHRIFT DES ANBIETERS

SEILBAHNEN CATINACCIO-ROSENGARTEN – VIGO DI FASSA — 12,00 €

Mit den Aufstiegsanlagen erreicht man von Vigo oder Pera aus die Ebene von Ciampedie, ein idealer Ausflugsort für Familien und leidenschaftliche Wanderer am Rosengarten.
Mehrere Schutzhütten und ein großer Spielplatz für die Kleinen warten auf Sie.

**Gutschein im Wert von 12,00 €
bei zwei zahlenden Personen**

Strada de Col de Mè 10, I-38039 Vigo di Fassa
Tel. +39 0462 763242, Fax +39 0462 764533
www.fassaski.com/catinaccio, catinacciofunivie@akfree.it
Öffnungszeiten: Sommer: Juni bis Oktober
Winter: Anfang Dezember bis Ostern
Kein Ruhetag

EINGELÖST AM   STEMPEL ODER UNTERSCHRIFT DES ANBIETERS

DOLOMITEN

ALPENGASTHOF FROMMERALM – KARERSEE

14,00 €

Klein aber fein liegt der Alpengasthof auf 1740 m Seehöhe mit einem prächtigen Panoramablick an einem der sonnigsten Flecken Südtirols. Zeitgemäßer Komfort und der große Spielplatz geben uns den Namen „Das Besondere für die ganze Familie".

Gutschein im Wert von 14,00 €
(eine Flasche Hauswein)
bei einer Tischrechnung von 45,00 €

Nigerstraße 14, I-39056 Karersee
Tel. / Fax +39 0471 612184
www.frommeralm.com, frommeralm@karersee.com
Öffnungszeiten: Sommersaison: Mai bis Ende Oktober
Wintersaison: Dezember bis Ostern
Kein Ruhetag

EINGELÖST AM — STEMPEL ODER UNTERSCHRIFT DES ANBIETERS

PLATTKOFEL-HÜTTE – FASSAJOCH

30,00 €

Der ideale Ausgangspunkt für zahlreiche Wanderungen sowie anspruchsvolle Bergtouren und Klettersteige: zum Rosengarten, Schlern, über die Seiser Alm zum Sellastock und zur Marmolada.

Gutschein im Wert von 30,00 €
(für Konsumation) bei einem Mindestaufenthalt
von 3 Nächten für 2 Personen

Fassajoch
Tel. / Fax +39 0462 601721, Mobil +39 328 8312767
www.plattkofel.com, info@plattkofel.com
Öffnungszeiten: Anfang Juni bis Mitte Oktober
Kein Ruhetag

EINGELÖST AM — STEMPEL ODER UNTERSCHRIFT DES ANBIETERS

DOLOMITEN

ARNIKA-HÜTTE – KASTELRUTH — 5,00 €

Genießen Sie Südtiroler Spezialitäten – alle hausgemacht – auf unserer herrlichen Sonnenterrasse oder in den gemütlichen Stuben. Verweilen Sie auf unserer Hütte in einmaliger Panoramalage nahe der berühmten „Hexenbänke".

**Gutschein im Wert von 5,00 € (2 Schnäpse)
bei einer Mindestrechnung von 25,00 €**

Seiser Alm – Puflatsch, I-39040 Kastelruth
Tel. +39 0471 727812, Fax +39 0471 729326
www.arnikahuette.com, info@arnikahuette.com
Öffnungszeiten:
Sommer: Mai bis November,
Winter: Weihnachten bis Ostern
Ruhetag: Samstag (im Winter)

EINGELÖST AM   STEMPEL ODER UNTERSCHRIFT DES ANBIETERS

SALTNERHÜTTE IN TSCHAPIT – SEISER ALM — 3,50 / 15,00 €

Ideale Einkehr und Übernachtungsmöglichkeit auf dem Weg zum Schlern. Neue Doppelzimmer und gepflegte Hausmannskost mit köstlichen Mehlspeisen. Einzigartig auf der Seiser Alm: „Apfelknödel", aus einem geheimen Traditionsrezept. Von der Bergstation „Seiser Alm" Weg Nr. 10 und Weg Nr. 5 bis zur Saltnerhütte.

**Gutschein im Wert von 3,50 € (1 Portion Apfelknödel)
bei einer Tischrechnung von 20,00 €
Gutschein im Wert von 15,00 €
bei einem Aufenthalt von 2 Nächten für 2 Personen im DZ**

Seiser Alm Tschapit 21, I-39040 Seiser Alm
Tel. +39 0471 706887, +39 338 4554626
josef.karbon@brennercom.net
Öffnungszeiten: Mitte Mai bis Ende Oktober, kein Ruhetag

EINGELÖST AM   STEMPEL ODER UNTERSCHRIFT DES ANBIETERS

DOLOMITEN

PUFLATSCH LIFT UND AUSSICHTSPLATTFORM ENGELRAST – SEISER ALM — 3,00 €

In 10 Minuten Entfernung von der Bergstation der Umlaufbahn „Seis-Seiser Alm" steigen Sie in unseren Lift und erreichen in 8 Minuten sanfter Fahrt den Puflatsch (2100 m).

An diesem aussichtsreichen Platz steht in unmittelbarer Nähe die neu errichtete Engelrast Plattform, die Sie aufschlussreich über die Namen und Höhenmeter der umliegenden Berge und Bergketten informiert.

Im Winter können Sie auf präparierten Wanderwegen die zauberhafte Landschaft genießen oder die steilen Hänge mit den Skiern heruntersausen.

Auf dem Puflatsch bietet sich ein 1–2 stündiger Wanderweg zum Filln-Kreuz, zu den Hexenbänken und zum Goller Kreuz an mit einzigartigem Ausblick; ideal für die ganze Familie.

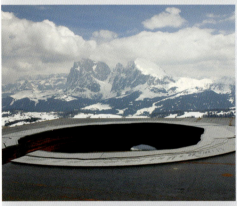

Gutschein im Wert von 3,00 €
bei zwei zahlenden Personen

Jede zusätzliche Person erhält 1,50 € Rabatt

Seiser Alm – Kompatsch, I-39040 Seis
Tel. +39 0471 727933, Tel. +39 0471 706833
www.seiseralm.it, hexe@cenida.it
Öffnungszeiten:
Sommer: Juni bis Ende Oktober
Winter: Dezember bis April
Kein Ruhetag

EINGELÖST AM — STEMPEL ODER UNTERSCHRIFT DES ANBIETERS

DOLOMITEN

SPORTHAUS TROCKER – KASTELRUTH/SEISER ALM   10%

In unseren 3 Geschäften finden Sie genau die Sport- und Bergausrüstung, die Sie für Ihre Sport- und Freizeitbetätigungen benötigen. Persönliche Beratung wird bei uns groß geschrieben, egal ob es sich um Berg- und Wandersportartikel oder um Fahrräder und Zubehör handelt.
Zudem bieten wir einen Mountainbike-Fahrradverleih.
Im Winter finden Sie zu sämtlichen Wintersportarten die passende Ausrüstung: von der Skiausrüstung zu Snowboardartikeln bis hin zur Langlaufausrüstung, wir haben für jeden das passende Zubehör!

Gutschein im Wert von 10%
für jeden Einkauf in einem unserer drei Geschäfte

Oswald-von-Wolkenstein-Straße 1, I-39040 Kastelruth
Tel. +39 0471 706371

Wegscheid 10, I-39040 Kastelruth
Tel. +39 0471 707227

Kompatsch 31, I-39040 Seiser Alm
Tel. +39 0471 727824

www.sporthaustrocker.it
info@sporthaustrocker.it
Öffnungszeiten: Ganzjährig
8.30–12 Uhr und von 15.30–19 Uhr
Kein Ruhetag

EINGELÖST AM   STEMPEL ODER UNTERSCHRIFT DES ANBIETERS

DOLOMITEN

RESTAURANT-BAR ALPENHOTEL PANORAMA ★ ★ ★ – SEISER ALM — 8,00 / 20,00 €

Dieses erst kürzlich von Grund auf erneuerte Alpenhotel liegt unvergleichlich reizvoll, an einem der schönsten Plätze auf Europas größter und wohl schönster Hochalm.

Kein anderer Ort eignet sich besser zum Ausgangspunkt für Entdeckungsreisen in dieser sagenhaften Bergwelt. Schöne Spaziergänge inmitten grüner Wiesen und bunter Blumen, leichte und anspruchsvolle Bergwanderungen, Radtouren und Ausritte – das alles und noch viel mehr bietet unser Alpenhotel inmitten einer herrlichen Landschaft!

Kein anderer Treffpunkt für Abfahrer, Langläufer, Rodler, Winterwanderer und Sonnenanbeter liegt günstiger … und schöner! Kommen Sie zu Fuß, mit dem Lift, dem Pferdeschlitten oder der hauseigenen Schneekatze – und lassen Sie sich überraschen!

Gutschein im Wert von 8,00 €
bei einer Tischrechnung von 40,00 €

Gutschein im Wert von 20,00 €
bei einem Mindestaufenthalt von 2 Nächten
für 2 Personen mit Halbpension
bei höheren Beträgen immer 10% Rabatt

Jochstraße 10, I-39040 Seiser Alm
Tel. +39 0471 727968, Fax +39 0471 727945
www.alpenhotelpanorama.it, hotel.panorama@dnet.it
Öffnungszeiten: Ganzjährig
Kein Ruhetag

GARNI UND ALPINSCHULE SCHLERN – SEIS

10,00 €

Frühstückspension in Nähe Ortszentrum und Seiser-Alm-Bahn in gemütlicher und familiäre Athmosphäre. Wir organisieren Erlebnistouren und Kurse. Klettersteige und Klettertouren mit Begleitung in den Dolomiten und den gesamten Alpenraum. Kletterkurse für Kinder und Erwachsene. Im Winter Skitouren mit Begleitung.

Gutschein im Wert von 10,00 €
ab einen Betrag von 100,00 €
Für höhere Beträge immer 5% Rabatt zusätzlich

Schlernstraße 25, I-39040 Seis
Tel. +39 0471 706285, Fax +39 0471 708020
www.garni-alpin.com, www.alpinkletterschule.com
info@garni-alpin.com, info@alpinkletterschule.com
Öffnungszeiten: Ganzjährig. Kein Ruhetag

EINGELÖST AM   STEMPEL ODER UNTERSCHRIFT DES ANBIETERS

VINOTHEK RABANSER & CO. – ST. ULRICH

7,00 €

Direkt an der Haupstraße nach Gröden liegt unsere 500 m² große Vinothek mit einer großen Auswahl an Weinen, Destillaten, einheimischen Spezialitäten und Getränken. Nehmen Sie sich einen guten Südtiroler Tropfen zur Erinnerung mit nach Hause! Fachkundige Beratung.

Gutschein im Wert von 7,00 €
(eine Flasche Wein) bei einem Mindesteinkauf von 70,00 €

Arnariastr. 41, I-39046 St. Ulrich
Tel. +39 0471 796075, Fax +39 0471 796028
www.rabanser.it, info@rabanser.it
Öffnungszeiten: 8.30–12 Uhr und 14.30–19 Uhr
Ruhetag: Sonntag

EINGELÖST AM   STEMPEL ODER UNTERSCHRIFT DES ANBIETERS

DOLOMITEN

ELIKOS HUBSCHRAUBERRUNDFLUG – LAJEN
60,00 €

Schon einmal über die Dolomiten geflogen und das atemberaubende Panorama von der Luft aus bewundert? Wenn nicht, haben Sie noch die Möglichkeit diesen Traum zu erleben. Unser Unternehmen ist bestens organisiert, um Ihnen und Ihren Freunden (Maximal-Besetzung 6 Passagiere plus Pilot) einen ruhigen und komfortablen Flug über die Dolomiten zu bieten. Wir starten im Grödental, also im Herzen dieser einmaligen Berge, und so können Sie gleich nach dem Start das Naturspektakel der Dolomiten und deren Türme greifend nahe erleben.

Gutschein im Wert von 60,00 €
bei einem Mindestbetrag von 560,00 €
(20 Minuten Flug für 6 Passagiere).
Bei höheren Beträgen immer 10 % Rabatt

Pontives 26/A, I-39040 Lajen (BZ) / Grödental
Tel. +39 335 7880149, +39 335 7880150
www.elikos.com, info@elikos.com
Öffnungszeiten: Ganzjährig
Kein Ruhetag

EINGELÖST AM   STEMPEL ODER UNTERSCHRIFT DES ANBIETERS

CURONAHÜTTE & HOTEL DIGON – ST. CHRISTINA/ST. ULRICH

6,00 / 100,00 €

DOLOMITEN

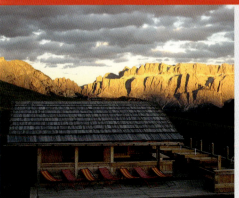

CURONAHÜTTE

Es ist eine kleine, noch nach Naturholz riechende Hütte, die von der Familie Stuflesser geführt wird. Es herrscht urige Gemütlichkeit! In bezaubernder Lage mit einem herrlichen Panoramablick weit über die Dolomiten hinaus, werden hier typische einheimische Gerichte, italienische Spezialitäten und hausgemachte Kuchen und Torten angeboten. Für Wintersportler: die Hütte direkt auf der Skipiste Seceda–St. Ulrich.

Gutschein im Wert von 6,00 € (2 Grappa)
bei einer Mindestrechnung von 25,00 €

Tel. +39 339 5208704, www.curona.it, info@curona.it

HOTEL DIGON

Unser familiär geführtes Hotel vereint sämtliche Vorzüge, um Ihnen einen traumhaften Sommerurlaub zu garantieren. Wir befinden uns inmitten der schönsten Berge der Welt, den Dolomiten und zugleich in einem touristischen Zentrum, wo jeder Urlauber auf seine Kosten kommt: wandern auf unendlichen Pfaden, golfen, reiten, schwimmen, Nordic-walken, und das alles in dem wohl bekanntesten Ort Südtirols, St. Ulrich im Grödental. Besuchen Sie uns! Bei Ihrer Ankunft erwartet Sie eine Flasche Hauswein auf dem Zimmer und bei der Abfahrt ein Abschiedsgeschenk.

Gutschein im Wert von 100,00 €
beim zweiten Aufenthalt von 7 Nächten
für 2 Personen im Doppelzimmer

Seceda Alm, Digon Str. 22
I-39047 St. Christina, I-39047 St. Ulrich
Tel. +39 0471 797266, Fax +39 0471 798620
www.hoteldigon.com, info@hoteldigon.com
Öffnungszeiten:
Sommer: Mitte Mai bis Oktober
Winter: Dezember bis April
Kein Ruhetag

EINGELÖST AM — STEMPEL ODER UNTERSCHRIFT DES ANBIETERS

DOLOMITEN

ALPINSCHULE CATORES – ST. ULRICH — 10,00 €

Besucht uns in Gröden im Herzen der Dolomiten. Seit über 25 Jahren sind wir mit unseren Gästen unterwegs, um gemeinsam Berge zu erleben und um gemeinsam schöne Erinnerungen zu teilen. Wir bieten Tages- und Wochenwanderungen, Klettersteige, Familienkurse, Ski- und Schneeschuhwanderungen, aber auch individuelle Führungen.

Gutschein im Wert von 10,00 € bei einem Mindestbetrag von 100,00 € und bei höheren Beträgen immer 10 % Rabatt

Via Rezia 5, I-39046 St. Ulrich
Tel. +39 0471 798223, Fax +39 0471 781391
Dossesplatz, I-39047 St. Christina
Tel. +39 0471 793099
www.catores.com, info@catores.com
Öffnungszeiten: Ganzjährig von 17.30–19 Uhr, Kein Ruhetag

EINGELÖST AM   STEMPEL ODER UNTERSCHRIFT DES ANBIETERS

FERMEDA HÜTTE – ST. CHRISTINA — 100,00 €

Nur 15 Minuten von der Col Raiser Bergstation entfernt. Holzgetäfelte Zimmer mit Bad, Aufenthalt mit Frühstück oder Halbpension. Genießen Sie die Ruhe und das Panorama der Dolomiten auf unserer Terrasse mit einheimischen Spezialitäten oder Pizzas aus dem Holzofen.

**Gutschein im Wert von 100,00 €
bei einem Mindestaufenthalt von 6 Tagen für
2 Personen im Doppelzimmer mit Halbpension**

Mastlè Straße 34, I-39047 St. Christina
Tel. +39 335 7061089
www.fermeda.com, info@fermeda.com
Öffnungszeiten: Sommer: Mai bis Oktober
Winter: Dezember bis Ostern
Kein Ruhetag

EINGELÖST AM   STEMPEL ODER UNTERSCHRIFT DES ANBIETERS

DOLOMITEN

SANGON HÜTTE – ST. CHRISTINA   5,00 €

Inmitten der blühenden Ciaulong-Wiesen, mit kleinem Kinderspielplatz, liegt unsere Hütte. Hausgemachte Tiroler Spezialitäten und familiäres Ambiente erwarten Sie.

Gutschein im Wert von 5,00 € (2 Schnäpse)
bei einer Mindestrechnung von 30,00 €

Ciaulong 1, I-39047 St. Christina
Tel. +39 339 5737568
www.seurainaz.it, info@seurainaz.it
Öffnungszeiten: Sommer: Mitte Juni bis Mitte Oktober
Winter: Dezember bis Ostern
Kein Ruhetag

EINGELÖST AM   STEMPEL ODER UNTERSCHRIFT DES ANBIETERS

SALEIHÜTTE – CANAZEI   60,00 €

Die Saleihütte befindet sich in idyllischer Lage am Fuße der Langkofelgruppe nahe dem Sellajoch. Im Sommer Ausgangspunkt für die schönsten Dolomitenwanderungen und Klettertouren. Im Winter direkt an der Sella Ronda „Skikarussell".

Gutschein im Wert von 60,00 €
bei einem Mindestaufenthalt von 3 Nächten
für 2 Personen im DZ

Strada del Sella 43, Sellajoch, I-38032 Canazei
Tel. / Fax +39 0462 602300, Tel. +39 335 7536415
www.rifugiosalei.it, rifugio.salei@dnet.it
Öffnungszeiten: Sommer: 20. Juni bis Ende September,
Winter: 7. Dezember bis Ostern
Kein Ruhetag

EINGELÖST AM   STEMPEL ODER UNTERSCHRIFT DES ANBIETERS

DOLOMITEN

SEILBAHN SASS PORDOI – CANAZEI — 12,50 €

Die erste Seilbahn zum Sass Pordoi ist 1962 erbaut und 1994/95 vollständig in ihrer Struktur und Mechanik modernisiert worden. Die beiden Kabinen haben ein Fassungsvermögen von 65 Personen und in nur 4 Minuten erreichen Sie auf 2950 Meter den Sass Pordoi. In der Bergstation, im gemütlichen Rifugio Maria mit dem unvergleichbaren Panoramablick, können Sie die typischen Gerichte der Dolomiten-Küche genießen.

Gutschein im Wert von 12,50 € (50% des Normalpreises) bei 2 zahlenden Berg- und Talfahrten

Società Incremento Turistico Canazei S.p.A.
Str. de Pareda, 63, I-38032 Canazei (TN)
Tel. +39 0462 608811, Fax +39 0642 601507
www.canazei.org, info@canazei.org

EINGELÖST AM   STEMPEL ODER UNTERSCHRIFT DES ANBIETERS

HOTEL RESTAURANT BELLAVISTA ★★★ – CANAZEI — 50,00 €

Warm, gemütlich, behaglich und umrahmt von den berühmtesten Dolomitenbergen wie den Langkofel, Sella und Rosengarten. Der beste Ausgangspunkt für einfache und schwierigere Wanderungen; im Sommer und im Winter mit der Sellaronda vor der Tür.

Gutschein im Wert von 50,00 € (für Bar oder Restaurant) bei einem Mindestaufenthalt von 4 Nächten für 2 Personen im Doppelzimmer mit Halbpension

Streda de Pordoi 12, I-38032 Canazei
Tel. +39 0462 601165, Fax +39 0462 601247
www.bellavistahotel.it, hotel.bellavista@rolmail.net
Öffnungszeiten: Sommer: Juni bis September
Winter: Dezember bis April
Kein Ruhetag

EINGELÖST AM   STEMPEL ODER UNTERSCHRIFT DES ANBIETERS

LAGAZUOI 5 TORRI

DOLOMITEN

1,00 / 2,10 €

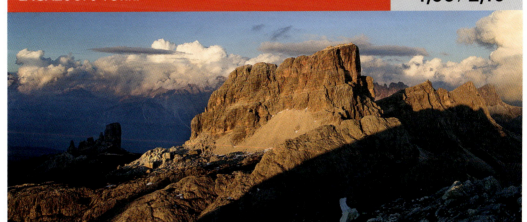

Die Freilichtmuseen des Großen Krieges

Natur und Geschichte können Sie gleichzeitig erleben und kennenlernen in einer der schönsten Dolomitengegenden, das Lagazuoi 5 Torri Gebiet! Auf diesen Gipfeln und Felsen spielte sich im Ersten Weltkrieg ein unglaublicher Kampf zwischen dem italienischen und österreich-ungarischem Heer ab. In Gedenken an diese tragischen Ereignisse wurde das größte Freilichtmuseum des Ersten Weltkrieges errichtet. Ganze vier Museen: Lagazuoi, 5 Torri, des Sasso di Stria und des Forte Tre Sassi gehören zu diesem großen Projekt. Das Areal befindet sich auf einer Fläche von mehreren Kilometern und bietet die Möglichkeit während einer aufregenden Wanderung in den Dolomiten die verschiedenen Aspekte des Großen Krieges auf den Bergen kennenzulernen. Die Museen sind leicht zu erreichen und sehr aufschlussreich, die Wege sind für alle, Kinder inbegriffen, geeignet. Sie können Schutzgräben und Kampf-Postationen, die im Felsen errichtet wurden, besichtigen und gleichzeitig die schwierigen Bedingungen der Soldaten während des Krieges kennenlernen.

Alle Wege sind gut beschildert und gekennzeichnet, Audioführer können gemietet werden. Große Parkplätze ermöglichen Ihnen von jedem der Museen aus zu starten, entlang des Weges finden Sie mehrere Schutzhütten.

Lagazuoi 5 Turismo, Tel. +39 0436 2863, Fax +39 0436 876700
www.lagazuoi5torri.dolomiti.org, lagazuoi5torri@dolomiti.org
Seilbahn Falzarego Lagazuoi, Tel. +39 0436 867301
Sessellift 5 Torri, Tel. +39 0436 4010
Museum Forte Tre Sassi, Tel. +39 0436 861112, Mobil +39 347 4970781

Gutschein im Wert von 1,00 € für 1 Eintritt im Museo del Forte Tre Sassi
Gutschein im Wert von 2,10 € für (ermäßigte Bergfahrt) für die Seilbahn Lagazuoi
Gutschein im Wert von 2,10 € für (ermäßigte Bergfahrt) für den Sessellift 5 Torri

EINGELÖST AM   STEMPEL ODER UNTERSCHRIFT DES ANBIETERS

DOLOMITEN

LAGAZUOI 5 TORRI

10,00 / 25,00 €

SCHUTZHÜTTE LAGAZUOI

Die Schutzhütte ist weit bekannt für das unglaubliche Panorama über die Dolomitengipfel und oftmals in nationalen und internationalen Zeitschriften angeführt. Auf 2752 Meter am Gipfel des Lagazuoi über dem Passo Falzarego, entlang der Dolomiten Höhenwege Nummer 1 und 9, zwischen den Naturparks Fanes, Sennes und der Ampezzaner Dolomiten. Geeigneter Ausgangspunkt um die Schutzgräben, Galerien und Kampf Postationen des Freilichtmuseums des Großen Krieges zu besichtigen.
Tel. +39 0436 867303, rifugio.lagazuoi@dolomiti.org
www.lagazuoi5torri.dolomiti.org

GASTHOF RESTAURANT LA BAITA

Der perfekte Standort für Motorradfahrer und Wanderer, die von den überwältigenden Panoramen und den waghalsigen Kehren der Dolomitenstraße fasziniert sind. Die Familie De Cassan führt seit dem Jahr 1962 den Gasthof mit Leidenschaft und Hingabe, um Ihren Aufenthalt entspannend und angenehm zu gestalten. In ruhiger Lage an der Staatsstraße 48, nahe am Castello di Andraz, eine der ältesten Burgen in den Dolomiten. Günstige Ausgangsposition für den Besuch der Museen des Großen Krieges die sich in unmittelbarer Nähe befinden.
Tel. +39 0436 7172, labaita@dolomiti.org
www.lagazuoi5torri.dolomiti.org

SCHUTZHÜTTE FEDARE

Ganzjährig geöffnet und deshalb idealer Standort für diejenigen, die den Berg in jeder Jahreszeit lieben und erleben möchten. Die immense Nordwand des Civetta dominiert unsere Panoramaterrasse. Der Giau-Sessellift, der neben unserer Schutzhütte startet, bringt Sie zu den 5 Torri, zum Lagazuoi und der Val Badia. Idealer Ausgangspunkt für Mountainbike-Touren, für den Besuch des Freilichtmuseums oder der Orte, wo der Mondeval-Mann vor mehr als 7000 Jahren lebte.
Tel. + 39 0437 720182, rifugio.fedare@dolomiti.org
www.lagazuoi5torri.dolomiti.org

Gutschein im Wert von 10,00 € bei einer Tischrechnung von 35,00 €
Gutschein im Wert von 25,00 € für eine Übernachtung für 2 Personen im Doppelzimmer mit Halbpension

EINGELÖST AM   STEMPEL ODER UNTERSCHRIFT DES ANBIETERS

DOLOMITEN

LAGAZUOI 5 TORRI

10,00 / 25,00 €

SCHUTZHÜTTE AVERAU

Die Pächter Paola und Sandro Siorpaes sind Köche die für ihre gehobene Küche, die Sie auf der Terrasse mit Blick auf Civetta und Marmolada genießen können und international mehrere Auszeichnungen bekommen haben. Zentral gelegen zu mehreren Dolomiten Wanderungen, liegt die Schutzhütte als ideale Übernachtungsmöglichkeit.
Tel. +39 0436 4660, Mobil +39 335 6868066
rifugio.averau@dolomiti.org, www.lagazuoi5torri.dolomiti.org
Öffnungszeiten: Sommer: Mitte Juni bis Ende September
Winter: Anfang Dezember bis Mitte April

SCHUTZHÜTTE SCOIATTOLI

Die wahre Faszination der Dolomiten, zeigt sich in seiner vollkommenen Schönheit mit Pastellfarben bei Sonnenaufgang und rot-orange Färbungen in der Abendsonne. Die Familie Lorenzi lädt Sie ein dieses Naturwunder mit exklusivem Blick auf die Cortineser Dolomiten, zu erleben. Die Schutzhütte liegt in unmittelbarer Nähe des Freilichtmuseums 5 Torri.
Tel. +39 0436 867939, Mobil +39 333 8146960
rifugio.scoiattoli@dolomiti.org, www.lagazuoi5torri.dolomiti.org
Öffnungszeiten: Sommer: Mitte Juni bis Ende September
Winter: Anfang Dezember bis Mitte April

Gutschein im Wert von 10,00 € bei einer Tischrechnung von 35,00 €
Gutschein im Wert von 25,00 € für eine Übernachtung für 2 Personen im Doppelzimmer mit Halbpension

EINGELÖST AM   STEMPEL ODER UNTERSCHRIFT DES ANBIETERS

DOLOMITEN – TRENTINO

DOLOMITI WALKING HOTEL 60,00 €

Willkommen im Club der Dolomiti Walking Hotel
Unsere Gruppe besteht aus 14 Hoteliers, die alle eine große Leidenschaft für die Berge verbindet. Seit Generationen beherbergen wir Gäste mit Liebe zu Wanderungen und leichten Spaziergängen. Dank unserer Erfahrung empfehlen wir jedem die für ihn geeignetste Tour, um die Landschaft des Trentino kennen zu lernen. Uns ist es wichtig, unsere Gäste in die kulturellen und kulinarischen Traditionen unseres schönen Landes einzuführen. Besuchen Sie uns!
Nachfolgend wollen wir Ihnen unsere Hotels näher vorstellen.

Mehr Infos zum Club der Dolomiti Walking Hotels finden Sie unter:
www.dolomitiwalkinghotel.it

HOTEL ASTORIA ★★★★

Unser Haus liegt mitten in der sagenumwobenen Welt der Dolomiten, die am Abend rot aufleuchten und das Gefühl einer selten gewordenen Gastlichkeit vermitteln. Die neu eröffnete Wellness- und SPA-Landschaft „Lythrum" offenbart Ihnen eine neue Dimension des Relax. Wir haben u. a. mehrere große Zimmertypen, Juniorsuiten oder Suiten mit Massage-Wannen.
Via Roma 88, I-38032 Canazei (TN)
Tel. +39 0462 601302, Fax +39 0462 601687
www.hotel-astoria.net, info@hotel-astoria.net

WELLNESS HOTEL LUPO BIANCO & BEAUTY CHENINA ★★★★

Familie Talmon heißt Sie im neu renovierten Wellnesshotel willkommen. Zimmer mit Holzböden und in klassischem Alpenstil eingerichtet, Junior-Suite und Relax Suite mit Whirlpool. Wir begleiten Sie wöchentlich auf erlebnisreichen Bergtouren, naturkundlichen und gemütlichen Wanderungen. Wir und unsere Mitarbeiter sind ausgebildete Wander- und Bergführer.
Streda de Pordoi 5, I-38032 Canazei (TN)
Tel. +39 0462 601330, Fax +39 0462 602755
www.hotellupobianco.it, info@hotellupobianco.it

Gutschein im Wert von 60,00 € (für Bar oder Restaurant) bei einem Mindestaufenthalt von 3 Nächten für 2 Personen im Doppelzimmer mit Halbpension

EINGELÖST AM   STEMPEL ODER UNTERSCHRIFT DES ANBIETERS

DOLOMITEN – TRENTINO

DOLOMITI WALKING HOTEL

60,00 €

FAMILY WELLNESS HOTEL RENATO ★★★★

Eine Perle im Herzen des Val di Fassa. Unser Haus bietet Ihnen: unser Wellness-Zentrum Merisana, ein Restaurant für kulinarische Genüsse und verschiedene Räume wie eine gemütliche Bar-Stube im ladinischen Stil, sowie verschiedene Zimmertypen und Suiten. Unser Hotel ist großzügig mit Holz verkleidet, nach den Regeln der Bioarchitektur eingerichtet und liegt mitten in den Dolomiten.
Strada de Solar 27, I-38039 Vigo di Fassa (TN)
Tel. +39 0462 764006, Fax +39 0462 764395
www.hotelrenato.it, info@hotelrenato.it

HOTEL LAURINO ★★★

Das Wohlbefinden unserer Gäste ist uns schon immer ein Anliegen. Nun haben wir für Sie das Hotel komplett renoviert, die Zimmer vergrößert, Solarium-Terrasse, Türkisches Bad, Sauna und vieles mehr. Die langjährige Tradition unseres Hotels und unsere Erfahrungen sind die Faktoren, die unsere Gäste begeistern und schätzen.
Via Löwy 15, I-38035 Moena (TN)
Tel. +39 0462 573238, Fax +39 0462 574354
www.hotellaurino.com info@hotellaurino.com

HOTEL EL LARESH ★★★

Die nagelneuen „Dolomiten-Sagen-Zimmer" mit Fresken der Sagen unserer ladinischen Kultur, das Beauty-Center „Enrosadira" für geistiges und körperliches Wohlbefinden, das Restaurant „La Stua di Re Laurin" für anspruchsvolle Genießer und noch dazu ein reiches Programm an Wanderungen – besuchen Sie uns! Zusammen werden wir magische und unvergessliche Augenblicke erleben!
Strada de Even 21, I-38035 Moena (TN)
Tel. +39 0462 574346, Fax +39 0462 574341
www.laresh.com, info@laresh.com

Gutschein im Wert von 60,00 € (für Bar oder Restaurant) bei einem Mindestaufenthalt von 3 Nächten für 2 Personen im Doppelzimmer mit Halbpension

EINGELÖST AM   STEMPEL ODER UNTERSCHRIFT DES ANBIETERS

DOLOMITEN – TRENTINO

DOLOMITI WALKING HOTEL 60,00 €

BERGHOTEL MIRAMONTI ★★★

In unserem Haus erleben Sie: ein Abendessen bei Kerzenlicht, Gespräche am knisternden Kaminfeuer, Harmonie und Ruhe. Der Eigentümer „Francesco", Bergführer und Skilehrer, begleitet Sie zu den schönsten Plätzen der Dolomiten. Das Hotel liegt in einem Tal, umringt von wundervollen Wäldern, inmitten einer Oase der Ruhe.
Località Stava, I-38038 Tesero (TN)
Tel. +39 0462 814177, Fax +39 0462 814646
www.berghotelmiramonti.it, info@berghotelmiramonti.it

HOTEL SOLE ★★★

Der ideale Ort für Gäste, die den Komfort lieben und sich gerne verwöhnen lassen. Wir sind besonders aufmerksam, damit Ihr Aufenthalt in unserem Hotel zu einem erholsamen und unvergesslichen Erlebnis wird. Auf 1400 m Höhe, mit Holz eingerichtet und lichtdurchflutet, vermittelt das Haus ein angenehmes und freundliches Ambiente.
Via de l'or 8, I-38037 Bellamonte di Predazzo (TN)
Tel. +39 0462 576299, Fax +39 0462 576394
www.hsole.it, info@hsole.it

HOTEL ALPINO ★★★

Wärme und Gemütlichkeit nach ausgedehnten Wanderungen – das finden Sie in unserem Hotel. Die verschiedenen Zimmertypen sind mit unterschiedlichsten Bergdüften versehen, so dass Sie am Abend noch den Erlebnissen des Tages nachträumen können. In unserem Restaurant bieten wir traditionsreiche und internationale Küche an, begleitet von einem großen Angebot an Spitzenweinen. Hervorragend auch unsere Käsespezialitäten aus dem Trentino.
Via Passo Rolle 239, I-38058 San Martino di Castrozza (TN)
Tel. +39 0439 768881, Fax +39 0439 768864
www.hotelalpino.it, info@hotelalpino.it

Gutschein im Wert von 60,00 € (für Bar oder Restaurant) bei einem Mindestaufenthalt von 3 Nächten für 2 Personen im Doppelzimmer mit Halbpension

EINGELÖST AM   STEMPEL ODER UNTERSCHRIFT DES ANBIETERS

BRENTA-DOLOMITEN

DOLOMITI WALKING HOTEL

60,00 €

FLAIR HOTEL OPINIONE ★★★

Flair Hotel Opinione ist nicht nur ein raffiniertes Berghotel mit warmer und gemütlicher Atmosphäre, sondern Ausdruck der Persönlichkeit derer, die dort leben und arbeiten. Wir werden Ihren Aufenthalt zu einem unvergesslichen Urlaub machen, in Kontakt mit der Natur, weit weg vom Stress des Alltags. Im Zentrum eines der schönsten Bergdörfer Italiens.
I-38078 San Lorenzo in Banale
Tel. +39 0465 734039, Fax +39 0465 730319
www.hotelopinione.com, info@hotelopinione.com

HOTEL MIRAMONTI ★★★★

Unser Hotel liegt mitten in Madonna di Campiglio. Zu unserem Resort zählen mehrere Häuser mit unterschiedlichen Unterkunftsmöglichkeiten. Das Restaurant mit großer Menüauswahl, bei denen auch Traditionsgerichte angeboten werden, ist bei Gourmets sehr bekannt. Kürzlich wurde unser Hotel mit der Anerkennung für ökoverträgliche Führung „qualità parco" ausgezeichnet.
Via Cima Tosa 63, I-38084 Madonna di Campiglio
Tel. +39 0465 441021, Fax +39 0465 440410
www.miramontihotel.com, info@miramontihotel.com

HOTEL ORTLES ★★★

Die Wandermöglichkeiten, die atemberaubende Landschaft des Nationalparks Stilfser Joch, die Zufriedenheit unserer Gäste – all dies hat es uns ermöglicht, als erster Betrieb im Trentino zu den Europa-Wanderhotels zu gehören. Wir bieten unseren Gästen geführte Wanderungen mit Lunch-Paket, Wellness-Zentrum, Sauna, Dampfbad, Kneipp-Pfad, Fitnessraum, Heubad und vieles mehr.
I-38024 Cogolo di Peio–Val di Sole (TN)
Tel. +39 0463 754073, Fax +39 0463 754478
www.hotelortles.it, hortles@tin.it

Gutschein im Wert von 60,00 € (für Bar oder Restaurant) bei einem Mindestaufenthalt von 3 Nächten für 2 Personen im Doppelzimmer mit Halbpension

EINGELÖST AM   STEMPEL ODER UNTERSCHRIFT DES ANBIETERS

BRENTA-DOLOMITEN

DOLOMITI WALKING HOTEL — 60,00 €

LAGO PARK HOTEL ★★★

Direkt am Molveno See liegt unser Hotel unmittelbar im Herzen der Brentagruppe. Die Veranda, das Schwimmbad und der Park geben Ihnen das Gefühl eines mediterranen Urlaubs; der Blick von den Zimmern zur Brentagruppe das Gefühl eines Bergurlaubs. Viele Wanderungen in die Umgebung werden vom Besitzer selbst für Sie vorbereitet.
Via Bettega 12, I-38018 Molveno (TN)
Tel. +39 0461 586030, Fax +39 0461 586403
www.dolomitiparkhotel.com, info@dolomitiparkhotel.com

ALPOTEL VENEZIA ★★★

Im Zentrum von Molveno gelegen und nur 300 m vom See entfernt, liegt unser Haus in sonniger Lage. Die Zimmer sind gemütlich und sehr sorgfältig eingerichtet. Im Restaurant zaubert die Hausherrin Renata mit ihrem Team kreativ köstliche Gerichte für die anspruchsvollsten Gourmets. Auch an Vegetarier oder Zöliaker wird gedacht!
Via Nazionale 10, I-38018 Molveno (TN)
Tel. +39 0461 586920, Fax +39 0461 587529
www.alpotel.it, info@alpotel.it

HOTEL FLORIDA ★★★

Unser kleines und gemütliches Hotel liegt zwischen den Bergen und dem malerischem See auf einer ruhigen Anhöhe über dem Dorf. Unsere Gäste genießen einen phantastischen Blick über den See. Unser Speisesaal mit Panoramablick, in dem unser Chef Mario Ihnen köstliche Menüs aus der Traditionsküche serviert, runden unseren freundlichen Service ab.
Via Belvedere 25, I-38018 Molveno (TN)
Tel. +39 0461 586272, Fax +39 0461 586905
www.emozionemontagna.it, info@hotel-florida.it

Gutschein im Wert von 60,00 € (für Bar oder Restaurant) bei einem Mindestaufenthalt von 3 Nächten für 2 Personen im Doppelzimmer mit Halbpension

EINGELÖST AM   STEMPEL ODER UNTERSCHRIFT DES ANBIETERS

BRENTA-DOLOMITEN

DOLOMITI WALKING HOTEL

Einige unserer Hotels haben wir Ihnen bereits vorgestellt.

Wieso gibt es einen Club für Wanderer?

Unsere Philosophie kann in einigen Sätzen zusammengefasst werden:

- Wir begleiten Sie bei der Entdeckung des authentischen Trentino und seiner Einwohner.
- Wir sind Ihr Partner, um die Tradition und Kultur des Trentino zu entdecken.
- Wir ermöglichen Ihnen eine Urlaubserfahrung in engem Kontakt mit einer Berggemeinschaft.
- Wir begleiten Sie durch den Genuss der typischen Trentiner Küche und den kulinarischen Produkten.
- Wir stellen Ihnen die Ausrüstung und die Informationen für Ihre Wanderungen und Ausflüge zur Verfügung.

Unsere Hotels befinden sich inmitten der Dolomiten. Sie werden mit Herzlichkeit und Professionalität empfangen und mit Aufmerksamkeit und Freundlichkeit betreut.

www.dolomitiwalkinghotel.it

EINGELÖST AM   STEMPEL ODER UNTERSCHRIFT DES ANBIETERS

Hinweis: Das vorliegende Buch wurde sorgfältig erarbeitet. Dennoch erfolgen alle Angaben ohne Gewähr. Weder Autor noch Verlag können für eventuelle Nachteile oder Schäden die aus den im Buch vorgestellten Informationen resultieren, eine Haftung übernehmen.

© 2009 Tappeiner AG, Lana (BZ); Italien
Alle Rechte vorbehalten

Das Werk, einschließlich aller seiner Teile, ist urheberrechtlich geschützt. Jede Verwertung außerhalb der engen Grenzen des Urheberrechtsgesetzes ist ohne Zustimmung des Verlages unzulässig und strafbar. Das gilt insbesondere für Vervielfältigungen, Übersetzungen, Mikroverfilmungen und die Einspeicherung und Verarbeitung in elektronischen Systemen.

Bildnachweis: Airphoto Tappeiner, Tappeiner AG, Brenta Fotos: www.dolomitibrenta.it – Maurizio Giordani

Inseratfotos: Abram Lorenzo, Archiv Amt für Naturparke (NPH Texelgruppe, Trudner Horn, Schlern-Rosengarten, Fanes-Sennes-Prags, Toblach, Rieserferner-Ahrn), Casanova Roberto, Digital World, Foto Mike, Foto Rier, Gasser Erich, Matheos Foto, Pompanin Guido, Sirio, Sirio Sky Team, Tappeiner AG, Tappeiner Airphoto, Tappeiner Georg, Winkler Ivo, www.dgbandion.com sowie weitere Bilder aus dem Privatbesitz der Inserenten.

Kartenskizzen: Johann Kammerer (Maßstab 1:100.000, Texelüberschreitung, Höhenwanderung in der Brentagruppe und Palmieriweg: 1:150.000).

Gesamtherstellung: Tappeiner AG
www.tappeiner.it

Printed in Italy

ISBN 978-88-7073-436-2

TAPPEINER.